WIE MAN EINEN NARZISSTEN EXORZIERT

EIN PRAKTISCHER LEITFADEN FÜR HEILUNG UND FREIHEIT NACH NARZISSTISCHEM MISSBRAUCH

JH SIMON

Dieses Buch ist nicht als Ersatz für rechtliche, medizinische oder psychologische Beratung gedacht. Das Ziel dieses Buches ist es, allgemeine Ratschläge zu den behandelten Themen zu geben. Wenn professionelle Beratung oder fachkundige Hilfe erforderlich ist, sollte diese in Anspruch genommen werden.

ISBN: 978-0-6458208-5-0

Impressum

Pony Farm Publishing
Inspire9 L1, 41-43 Stewart Street
Richmond VIC 3121, Australien

support@ponyfarmpublishing.com

Inhalt

Der Groschen fällt

Der Mensch ist in dem Moment frei, in dem er es sein will.

– Voltaire

Dass du dieses Buch in den Händen hältst, bedeutet, dass du auf der richtigen Spur bist. Vielleicht hat ein bestimmtes Ereignis die Blase zum Platzen gebracht und dir die Augen geöffnet. Du wusstest nicht genau, was sich verändert hatte, aber du hast es gespürt. Es passierte, als eine wichtige Person in deinem Leben zu weit gegangen war und du dir endlich gesagt hast: „Das ist nicht normal. Warum lasse ich mir diesen Unsinn gefallen?" Zwar konntest du nicht genau benennen, was normal ist, aber du wusstest, dass die Verbindung, die du zu dieser Person hattest, alles andere als gesund war.

Von diesem Moment an hast du vielleicht einige oder sogar alle der folgenden Merkmale deiner Beziehung erkannt:

- **Sie ist unausgewogen:** Die andere Person scheint die Oberhand und das letzte Wort zu haben, und du musst kämpfen, um mit ihr gleichzuziehen. Ihre Probleme haben oberste Priorität. Wenn du versuchst, dich zu äußern oder durchzusetzen, findet die andere Person einen Weg, dich zu unterdrücken und den Fokus wieder auf sich zu lenken.

- **Sie ist manipulativ:** Als würde man einen Zauber wirken, scheint die andere Person eine unheimliche Fähigkeit zu haben, dich zu beeinflussen und sich durchzusetzen. Oft willst du das gar nicht, aber es passiert einfach. Wenn du versuchst, sie in irgendeiner Weise zu beeinflussen, stößt du auf so viele Hindernisse, dass du aufgibst.

- **Sie ist aufdringlich:** Diese Person hat einen festen Platz in deinen Gedanken. Es scheint keine psychologische Trennung zwischen euch zu geben, und sie dringt mühelos in deinen emotionalen Raum ein. Du sehnst dich nach etwas Abstand und psychologischer „Luft", fühlst dich aber am Ende enorm schuldig. In ihrer Gegenwart scheint es dir keine Option zu sein, ein eigenständiges Individuum zu sein, das sein Leben selbst in der Hand hat.

- **Sie ist starr:** Du entwickelst dich in der Beziehung nicht weiter und sie kommt nicht voran. Die Beziehung fühlt sich wie ein Ritual an und du wünschst dir, dass mehr dahintersteckt.

- **Sie ist anstrengend:** Du gehst um diese Person herum wie auf Eierschalen. Es gibt keinen besonderen Grund dafür. Allein ihre Anwesenheit macht dich ängstlich, als wärst du nicht gut genug und müsstest dich ihr beweisen.

- **Sie ist bedrückend:** Es wird als selbstverständlich angesehen, dass die andere Person dir überlegen ist. Wenn du Zeit mit ihr verbringst, fühlst du dich hoffnungslos minderwertig.

- **Sie ist hohl:** Die Beziehung fühlt sich irgendwie leer und traurig an, und du bekommst nicht viel emotionale Erfüllung daraus.
- **Sie ist verwirrend:** Du scheinst nie festen Boden unter den Füßen zu finden. Es gibt immer ein Drama, das geklärt werden muss, oder etwas, mit dem die andere Person unzufrieden ist und das du in Ordnung bringen musst. Du sehnst dich nach Frieden und Sicherheit, aber irgendwie entzieht sich dir das immer.
- **Sie zieht dich in ihren Bann:** Es scheint eine unsichtbare Kraft zu geben, die dich zu der anderen Person hinzieht. Selbst wenn du dich für eine Weile zurückziehst, reicht eine scheinbar harmlose Frage, um dich zurückzuholen. Du fühlst dich machtlos, dieser emotionalen Kraft zu widerstehen, die ein Eigenleben zu führen scheint.

Dann führt eins zum anderen, und schon googelst du „narzisstische Persönlichkeitsstörung". Du liest ein paar Artikel – und bist völlig baff. Nachdem der erste Schock vorbei ist, recherchierst du weiter. Du liest in Foren und stellst fest, dass unzählige Menschen deine Erfahrungen teilen. Du lernst Fachbegriffe wie *Gaslighting, Idealisieren, Abwerten, Wegwerfen, Hoovering* und *Baiting* kennen. Du setzt die Puzzleteile zusammen und beginnst zu erkennen, dass viele dieser Taktiken irgendwann einmal bei dir angewendet wurden. Es ist, als würde dir jemand deine eigene Lebensgeschichte erzählen. Du beginnst dich zu fragen: *Kann das wahr sein? Gibt es solche Menschen wirklich?*

Du liest weiter. Schließlich trifft es dich mit voller Wucht. Dir wird klar, dass du nicht verrückt bist; was du die ganze Zeit erlebt hast, ist definitiv real. Solche Menschen gibt es wirklich. Sie existieren nicht nur in der Welt da draußen, sondern auch in *deiner* Welt. Du weißt nicht, ob du lachen oder weinen sollst. Du empfindest Wut, Traurigkeit und Verzweiflung – und ein wenig Erleichterung. Du gehst mit einem Gefühl der Leichtigkeit herum, aber auch mit dem Gefühl, irgendwie beschmutzt worden zu sein. Deine gesamte Realität wurde auf den Kopf gestellt.

Du beginnst, deine grundlegenden Instinkte in Frage zu stellen. Du erkennst, dass die Beziehungsdynamik, die du akzeptiert und als selbstverständlich hingenommen hast, sowohl ungesund als auch extrem manipulativ ist. Du beginnst, Menschen anders zu sehen. Du beobachtest ihr Verhalten, sogar das von Menschen, die du seit Jahren oder sogar dein ganzes Leben lang kennst. Das Bild ist noch nicht ganz klar. Klar ist jedoch, dass du ein Problem mit *Narzissten* hast – und dass dir das gerade erst bewusst wird.

Die Reise ins Ungewisse

Was du vielleicht noch nicht erkannt hast, ist, dass es zwar wichtig ist, das Verhalten anderer zu beobachten, aber dass das allein nicht ausreicht. Wenn du an der Oberfläche bleibst, wirst du nur in immer neue Dramen verwickelt und wirst weiterhin darüber rätseln, was normal und was narzisstisch ist. Entscheidend ist, dass du erkennst, dass die Taktiken, denen du ausgesetzt warst, nur die Spitze des Eisbergs sind; das Problem reicht viel tiefer. Der *Kern* des Problems ist oft viel schwieriger zu erkennen.

Wenn du denkst, dass es so leicht ist, einfach wegzugehen, liegst du falsch. Der Ausweg ist keine festgelegte Abfolge von Schritten, die zu einem neuen Leben und aufregenden Abenteuern führt. Vielleicht hast du das schon vermutet. Es ist kein Zufall, dass du dich überhaupt in dieser Situation befindest. Du hast immer noch die gleichen Überzeugungen, Verhaltensweisen und Paradigmen. Du kannst deinen Partner verlassen, dich von bestimmten Familienmitgliedern distanzieren, neue Freunde suchen oder deinen Job kündigen. Aber mit der Zeit wirst du in den Armen eines anderen Narzissten landen oder wieder unter der Kontrolle desselben Narzissten stehen. Um dauerhafte Veränderungen zu erreichen, brauchst du eine Strategie.

Schärfe dein Schwert

Wie der Titel schon sagt, ist dieses Buch eine Einführung in die Kunst, einen Narzissten zu exorzieren. Keine Sorge: Dafür brauchst du weder einen Priester noch Rituale! Es geht darum, den Kern des Problems zu verstehen, nicht nur die Symptome. Es geht darum, diesen Kern sowohl im Narzissten zu sehen als auch in *dir selbst*. Es geht darum, dir bewusst zu werden, was dich zu einer Zielperson für Narzissten macht. Es geht darum, deine Denkweisen zu ändern, damit du beginnen kannst, dich von dem Problem zu lösen.

Es geht auch darum, neue innere Ressourcen zu erschließen, die Narzissten nicht wollen, dass du entwickelst, vor allem, weil diese Ressourcen dich weniger anfällig für ihre Kontrolle machen. Es geht darum, ein neues Glaubenssystem zu entwickeln. Es geht darum, dich selbst zu bilden und dadurch selbstbestimmt zu werden. Es geht darum, deine eigene autonome Identität zu entwickeln, frei von Scham und Schuld; eine Festung, zu der niemand ohne deine ausdrückliche Erlaubnis Zugang hat, es sei denn, er bietet dir den gebührenden Respekt.

Mit der Zeit werden dir deine neuen Ressourcen und Überzeugungen ermöglichen, auf die sonnige, narzissmusfreie Seite der Straße zu springen. Also ja, auf gewisse Weise werden wir einige Narzissten exorzieren. Genauer gesagt werden wir sie aushungern, indem wir ihnen ihre narzisstische Versorgung entziehen. Und das alles beginnt mit dir.

Das narzisstische Regime entlarven

Auf den ersten Blick wirken die meisten Narzissten harmlos. Doch der Schaden, den ein durchschnittlicher Narzisst anrichtet, gleicht einem langsam wirkenden Gift. Eine Beziehung mit einem Narzissten verursacht unermesslichen Schaden, ohne dass er dich unbedingt um dein ganzes Geld betrügt oder gewalttätig wird. Viele Narzissten setzen ihre Zielpersonen einem schmerzhaften, langsamen Tod durch Narzissmus aus – ohne kriminelle Absicht. Den größten Schaden richten sie durch emotionalen Missbrauch an, indem sie ihre Zielperson beschämen und manipulieren, um Kontrolle auszuüben.

Da keine zwei Narzissten gleich sind, konzentriert sich dieses Buch der Einfachheit halber auf den *narzisstischen Archetyp*. Dieser Archetyp trifft auf den Elternteil zu, der die eigenen Bedürfnisse befriedigt, indem er das Kind zum Objekt macht, es unterwirft und es in einem psychologischen Käfig gefangen hält. Er trifft auf den Freund zu, der es liebt, schwächere Menschen um sich zu haben, nur um sie lächerlich zu machen und sich ihnen gegenüber mächtig zu fühlen. Er trifft auf den Partner zu, der sein Gegenüber objektiviert und in einem qualvollen emotionalen Sturm gefangen hält. Er trifft auf den Chef zu, der seine Mitarbeiter bezaubert, kontrolliert, einschüchtert und objektiviert, um seine Macht am Arbeitsplatz zu stärken.

Dieses Buch konzentriert sich auf Narzissmus nicht nur als Archetyp, sondern auch als *Regime* – eine Struktur mit strengen Regeln, die darauf abzielen, andere zu objektivieren und zu unterwerfen, um *narzisstische Versorgung* zu erhalten: die Aufmerksamkeit, Bewunderung, Ressourcen und emotionale Energie anderer. Dieses Buch versucht, die gängigen Etiketten und Theorien hinter sich zu lassen, damit das Herz und die Seele des Narzissmus klar erkennbar werden – ohne äußere Schichten, die den Blick trüben.

Der Einfachheit halber wird in diesem Buch der Begriff *Narzisst* verwendet. *Narzisstisches Regime* bezieht sich auf die Struktur zwischen zwei oder mehr Personen, in der eine Person andere kontrolliert und narzisstische Versorgung bezieht, entweder durch eine Machtposition – etwa als Elternteil oder Führungskraft – oder durch emotionale Manipulation in einer Beziehung. Oft ist es eine Kombination aus beidem: Eine Machtposition gibt dem Narzissten die Freiheit, seine Zielperson zu kontrollieren, während emotionale Manipulation die Kontrolle auf einer persönlicheren Ebene verstärkt.

Die Zielperson des Narzissten wird dagegen nicht besonders bezeichnet, da dies sie in eine Schublade stecken und im Vergleich zum Narzissten definieren würde, wodurch sie im Spiel gefangen bliebe. Der ganze Zweck dieses Buches ist es, den Zielpersonen von Narzissmus dabei zu helfen, sich zu befreien, sie daran zu erinnern, dass ihre Identität tatsächlich außerhalb eines narzisstischen Regimes existiert, und sie zu ermutigen, ihre Identität und ihren Selbstwert nach ihren eigenen Vorstellungen zu definieren. Außerdem wird der Begriff *Zielperson* in Kombination mit *du* verwendet, womit der Leser direkt als jemand angesprochen wird, der sich mit dem Inhalt identifizieren kann. Dies liefert eine nützliche Bezeichnung, die nicht auf Unterwerfung oder einer Rolle basiert. Jeder kann zur Zielperson böser Absichten werden. Es hat keinen Einfluss auf die eigene Identität.

Um alles klar und einfach zu halten, verwenden wir den Begriff „der Narzisst" mit männlichen Pronomen („er", „ihm", „sein"). Das bedeutet nicht, dass alle Narzissten Männer sind; Narzissmus kennt kein Geschlecht. Die beschriebenen Verhaltensmuster sind universell.

Vor diesem Hintergrund wollen wir nun die schädlichen Auswirkungen eines Lebens unter einem narzisstischen Regime untersuchen.

Das Leben unter einem narzisstischen Regime

Paul hat immer wieder denselben Albtraum: Er ist in einer unterirdischen Höhle gefangen und von heißen Flammen umgeben. Ein starkes Gefühl von Klaustrophobie erschüttert ihn und er wacht voller Angst auf und ringt nach Luft. Er merkt, dass er eine Panikattacke hat. Es fühlt sich an wie in der Hölle: eine unerträgliche, unendliche Angst, der er verzweifelt zu entkommen versucht, aber keinen Ausweg findet. Er schaltet hastig das Licht ein und läuft in seiner Wohnung auf und ab, um sich zu beruhigen. Dann stürmt er die Treppe hinunter und hinaus in die kühle Morgenluft. Das hilft ein wenig. Es dauert über eine Stunde, bis das Gefühl der Panik nachlässt. Er hat keine Ahnung, warum er immer wieder solche Träume hat.

Cindy ist ein intelligentes, nettes Mädchen. Ihr gezwungenes Lächeln lässt ihre innere Traurigkeit erahnen, aber sie ist höflich und gibt sich fröhlich, sodass sich niemand in ihre Angelegenheiten einmischt. Sie kommt Bitten gehorsam nach, stimmt Meinungen zu und macht bei den Plänen anderer mit.

Sie ist einfach da, und man kann sich darauf verlassen, dass sie keine Wellen schlägt.

Igor ist 34 Jahre alt, aber viele denken, er sei 25. Er ist ein Träumer. Er würde gerne in einer Band spielen oder vielleicht den nächsten großen Roman schreiben. Er ist sich nicht sicher, was genau er will. Er hat sich nie fähig oder klug genug gefühlt, um seine Träume zu verwirklichen. Obendrein fühlt er sich in seinem Job in einem Callcenter gefangen. Außerdem ist er seit vier Jahren mit seiner Freundin Anna zusammen, mit Unterbrechungen. Jedes Mal, wenn sie sich streiten, droht Igor, Anna zu verlassen, aber sie reagiert mit Tränen und Suiziddrohungen. Die Schuldgefühle sind überwältigend, und er bleibt bei ihr. Er will die Beziehung unbedingt beenden, sieht aber keinen Ausweg.

Nach einer intensiven Sommerromanze bat Noah Ariana, ihn zu heiraten. Sie sagte Ja. Noah schien ein Traum, der wahr geworden war. Er war aufmerksam, hatte seine ganze Energie auf Ariana konzentriert, ihre Träume geteilt und war bereit, sich zu binden. Sie heirateten in einer schlichten Zeremonie. Doch bald nach der Hochzeit begann sich etwas zu ändern. Noah wurde Ariana gegenüber kritisch und geriet in Wut, wenn sie später als erwartet nach Hause kam. Ariana hatte Noahs dunkle Seite vor der Hochzeit schon in kleinen Dosen erlebt, aber ignoriert – vor allem, weil sich Noah mit seiner jungenhaften Verzweiflung schnell entschuldigte. Noah war grandios und bestand darauf, dass alles, was er tat, weit über dem stand, was andere taten. Er liebte es, im Mittelpunkt zu stehen, und erzählte endlose Geschichten, ohne sich jemals für seine Zuhörer zu interessieren. Er hatte einen gewissen Charme, sodass die meisten Leute ihn tolerierten. Ariana war zutiefst unzufrieden mit der Beziehung und hatte genug von Noahs Wutausbrüchen, die willkürlich und ohne wirklichen Grund auftraten. Nach vierzehn Jahren, drei Kindern und dem Verlust der meisten ihrer Freunde war sie viel zu eingeschüchtert von der Vorstellung, wegzugehen und neu anzufangen.

Warum ich? Qualifikation als Zielperson

Schnapp sie dir, solange sie noch jung sind

Als Kinder sind wir neugierig, sensibel, verletzlich und natürlich leicht zu beeinflussen. Wir saugen alles um uns herum auf wie ein Schwamm, während sich die Basis für unsere späteren Beziehungen bildet. Wir verehren die Menschen, die für uns verantwortlich sind. Da wir hilflos sind, haben wir keine andere Wahl, als ihnen absolute Macht zu geben. Mit dieser Macht können sie uns entweder zu einem unabhängigen Leben führen oder uns für ihr eigenes Ego benutzen. Narzissten entscheiden sich für Letzteres.

Diese Machtposition beginnt bei den Eltern, kann aber auch auf Onkel und Tanten, Freunde der Familie, Lehrer oder Sporttrainer übertragen werden. Für Narzissten verstärkt es ihr Machtgefühl, wenn beeinflussbare junge Menschen zu ihnen aufschauen. Sie können ihre schamlose Rolle als „weise Führer" auf Kosten des Kindes ausleben. Sie glauben, dass ihre Machtposition ihnen das Recht gibt, das Kind zu beurteilen, zu kontrollieren und herabzuwürdigen, wenn es nicht ihren Erwartungen entspricht. In ihrer grandiosen Vorstellung können sie die ihnen übertragene Verantwortung ausnutzen, um ihr Ego zu stärken.

Das Gefährliche – und Traurige – daran ist, dass dies außerhalb des Bewusstseins des Kindes liegt. Es geschieht zu einem Zeitpunkt, zu dem das Kind noch zu jung ist, um es zu begreifen. Die Fähigkeit zur vollständigen Selbstreflexion beginnt erst im Erwachsenenalter. Solange Kinder verletzlich und abhängig sind, können sie unwissentlich zum Objekt narzisstischer Versorgung werden. Wenn dies lange genug geschieht, kann es so normal werden wie die Luft, die sie atmen. Das Kind wird manipuliert und in eine Rolle der ständigen Verehrung und Abhängigkeit gedrängt.

Bei Führung geht es darum, anderen den Weg zu zeigen, damit sie ihn gehen, ihn hinter sich lassen und schließlich ihren eigenen Weg finden können. Narzissten hindern die Zielperson daran, sich zu differenzieren. Sie unterstützen das Kind nur innerhalb der Grenzen der Beziehung und nur so lange, wie das Kind seine Rolle erfüllt und narzisstische Versorgung bietet. Der Narzisst projiziert seine Ego-Bedürfnisse auf das Kind und erwartet, dass sich das Kind an *ihn* anpasst – statt selbst zurückzutreten und dem Kind Raum zum Wachsen zu geben.

Diese Rollenumkehr ist der Kern einer Beziehung zwischen einem Narzissten und einem Kind, die zu einer Entwicklungsstörung beim Kind führt und es anfälliger für Narzissmus macht. Das Kind wächst mit der Überzeugung auf, dass es in Beziehungen darum geht, eine bestimmte Rolle zu spielen und sich den Bedürfnissen anderer anzupassen. Dies ist eine der größten Lügen, die man manchen Kindern erzählt: dass Abhängigkeit ein Teil des Lebens ist und niemals endet. Diese Lüge kann sich bis ins Erwachsenenalter fortsetzen.

Die ideale Zielperson

Manche Menschen sind vielleicht schon in jungen Jahren unwissentlich in ein narzisstisches Regime geraten und/oder sind von Natur aus emotional sensible Menschen. *Empathen*, wie sie im Volksmund genannt werden:

- sind intuitiv und verfügen über eine hohe emotionale Intelligenz.
- erleben ihre Emotionen sehr intensiv, was oft ihre Fähigkeit zum rationalen Denken beeinträchtigt.
- können die Emotionen anderer spüren und sind sehr auf sie eingestellt. Sie übernehmen sogar diese Emotionen, was ihre eigene Energie schnell erschöpfen kann, wenn sie nicht aufpassen.
- sind gute Zuhörer und können ihre Aufmerksamkeit über lange Zeiträume hinweg aufrechterhalten.
- haben ein sehr starkes Verlangen nach emotionaler Verbindung mit anderen, das oft stärker ist als Vernunft und gesunder Menschenverstand.
- haben mehr Schwierigkeiten als andere, im Alltag Schritt zu halten, und suchen daher eher nach einer höheren Macht, die ihnen Führung und Unterstützung bietet.
- lassen sich leichter beeinflussen als andere.

Die emotionale Welt eines Empathen ist reichhaltig. Sie sind Künstler und Träumer. Sie inspirieren andere mit ihrer Energie und Lebensfreude. Sie sind Heiler und in der Regel sehr kreativ und spirituell. Sie können den Tag eines Menschen allein dadurch erhellen, dass sie ganz sie selbst sind. Doch dieser Reichtum hat seinen Preis:

- Empathen sehnen sich mehr als die meisten Menschen nach Liebe und Verbundenheit und leiden unter Isolation. Aufgrund dieses tiefen Bedürfnisses nach emotionaler Verbundenheit sind ihre Grenzen in der Regel schwach.
- Die emotionalen Knöpfe eines Empathen sind leichter zu drücken als die von Nicht-Empathen. Weil sie eine hochsensible emotionale Antenne haben, kann sie schon der kleinste Angriff aus der Bahn werfen. Wenn jemand anderes intensive Emotionen zeigt, egal ob Wut, Traurigkeit oder Empörung, fühlt sich der Empath wie von einer Welle überrollt. Dadurch bricht sein Immunsystem zusammen, und seine Angst steigt.
- Empathen fühlen sich oft müde, wenn sie unter Menschen sind. Sie werden leichter krank. Sie sind oft nervös und ängstlich. Das hat nichts mit Stärke zu tun; in ihrem Körper und Geist sind sie einfach überwältigt von Angst, Scham und Unruhe. Dieses ohrenbetäubende, blendende emotionale System macht es ihnen schwer, die Welt klar zu sehen.
- Empathen brauchen jederzeit Struktur. Sie brauchen eine Umgebung, die sie abschirmt, damit ihre Emotionen nicht außer Kontrolle geraten.

Aus all diesen Gründen sind Empathen perfekte Zielpersonen für Narzissten. Ihre innere Schönheit, ihre schwachen Grenzen, ihre beeinträchtigte innere Stärke und ihr starkes Bedürfnis nach Verbindung machen sie zu einer Goldgrube für narzisstische Versorgung. Um die Oberhand zu gewinnen, muss der Narzisst lediglich das emotionale System des Empathen bombardieren und ihn dann dazu zwingen, seinen Forderungen nachzukommen.

Die oft turbulente innere Welt eines Empathen zu navigieren, erfordert viel Geschick und Unterstützung. In vielen Familien – vor allem in konservativen, traditionellen oder missbräuchlichen – kann das Bedürfnis des Empathen nach tiefem Verständnis und Unterstützung vernachlässigt werden. Noch schlimmer ist es für Männer, wenn sie für ihre vermeintliche „Weichheit" beschämt werden.

Diese unerfüllten Bedürfnisse und die Unfähigkeit, ihre emotionalen Stürme zu überstehen, können dazu führen, dass Empathen ein geringes Selbstwertgefühl entwickeln und ein überwältigendes Verlangen nach Liebe verspüren, ohne wirklich zu wissen, warum. Der Narzisst wittert diese Schwäche wie ein Hai das Blut und stürzt sich darauf. Der Charme des Narzissten kann für Empathen berauschend und unwiderstehlich sein. Der Narzisst kann dem Empathen Struktur bieten, auch wenn diese Struktur unterdrückend ist und vor allem dem Narzissten zugute kommt.

Sich als Empath und/oder als Kind eines narzisstischen Regimes zu erkennen, kann dir helfen zu verstehen, wie deine Herkunft dein bisheriges Leben geprägt hat, und dir auch zeigen, dass es nicht deine Schuld ist. Vor allem kann es dir helfen, eine Grenze zu ziehen und die Entscheidung zu treffen, deine Zukunft selbst in die Hand zu nehmen. Wohin du von hier aus gehst, liegt ganz bei dir.

Sterbliche Götter

Ruhm, der auf egoistischen Prinzipien aufgebaut ist, ist Scham und Schuld.

– William Cowper

Die elterliche Emotion

Die Menschheit wächst und verbessert sich ständig. Wir werden immer innovativer und selbstbewusster. Olympische Weltrekorde werden immer wieder gebrochen. Technologie und Gesundheitswesen haben unsere Lebensqualität unermesslich verbessert. Musik und Kunst entwickeln sich auf spannende und schöne Weise weiter. Wir entdecken immer wieder Neues über den Geist und unser Universum. Therapeutische Methoden werden ständig weiterentwickelt.

In uns allen steckt eine Kraft, die sich entfalten und verbessern will. Diese Kraft gibt uns großartige Vorstellungen davon, dass wir größer und besser sein können, als wir derzeit sind. Das ist kein Zufall; das Leben hat einen Plan. Es will sich weiterentwickeln. Aus diesem Grund sind wir mit einer angeborenen *Grandeur* ausgestattet. Grandeur ist ein inneres Gefühl der Besonderheit, das wir anzapfen können. Sie spornt uns an, Neues zu schaffen und mehr zu werden, als wir sind. Grandeur ist etwas zutiefst Persönliches und Spirituelles. Sie flüstert uns zu, dass wir zu *allem* fähig sind. Sie ist eine nach oben, nach außen und ins Unendliche gerichtete Kraft. Sie ist unsere angeborene Kreativität und unsere Verbindung zum göttlichen Reich.

Damit verbunden ist die *Grandiosität*. Grandiosität ist die Grandeur einer Person im Vergleich zu anderen. Sie basiert auf dem Ego. Sie lässt uns größer und besser sein wollen als andere Menschen. Sie spielt uns gegeneinander aus. Jeder, der schon einmal einen ersten Preis gewonnen hat oder etwas kostenlos erhalten hat, während alle anderen dafür bezahlen mussten, weiß, wie befriedigend Grandiosität sein kann. Sie bedeutet, sich über die Masse zu erheben und über den üblichen Standard hinauszugehen. Es geht darum, *mehr zu erreichen* und *mehr zu sein* als andere.

Doch das Leben will auch, dass wir zusammenleben. Wenn Grandiosität nicht kontrolliert wird, kann sie hässlich werden. Folgten wir alle blind unseren grandiosen Instinkten, könnten wir uns selbst und andere zerstören, um an die Spitze zu kommen. Menschen wie Adolf Hitler und Pablo Escobar veranschaulichen, wohin unkontrollierte Grandiosität führen kann. Der eine wollte die Weltherrschaft, der andere nichts mehr als unbegrenzte Macht und Geld. Für sie wurden Massenmorde zu bloßem „Kollateralschaden". Das Leben kann so einen offensichtlichen Mangel an Menschlichkeit nicht tolerieren; es braucht Ausgewogenheit. Zum Glück gibt es für die meisten von uns eine Gegenkraft, die unsere Grandiosität in Schach hält: *Scham.*

Scham ist ein unangenehmes Gefühl. In ihrer mildesten Form ist sie ein leichtes Ziehen in der Brust sowie ein Verlust von Kraft und Energie. In ihrer stärksten Form lässt sie dich körperlich zusammensacken – dein Kopf hängt herab, deine Schultern hängen durch, und dein Körper krümmt sich. Sie lähmt dich emotional – dein Gehirn fühlt sich benebelt und träge an, du zweifelst an dir selbst, verlierst den Mut und hältst deine Gefühle und Meinungen zurück. Sie schränkt auch deine geistige Leistungsfähigkeit ein – du erlebst einen Blackout und kannst nicht denken oder Ideen entwickeln. Sie schottet dich vorübergehend von der Welt ab – du fühlst dich übermäßig exponiert und hast das verzweifelte Bedürfnis, dich vor anderen zu verstecken. Sie schafft einen dunklen, introspektiven, begrenzten Raum in deiner Psyche, in den nichts anderes eindringen kann. Sie konfrontiert dich mit dir selbst, sodass du all deine Fehler und Schwächen aus nächster Nähe sehen kannst. Sie macht dir schmerzlich bewusst, dass du begrenzt bist und nicht so gottgleich, wie du dich manchmal fühlst. Sie ist der Elternteil, der „Nein" sagt und „Geh auf dein Zimmer!" ruft.

Die normalisierende Kraft der Scham

Diese „psychologische Auszeit" hat drei Hauptgründe:

1. Um dich daran zu erinnern, dass du zwar zu Grandiosität fähig bist, aber ein Mensch in einem menschlichen Körper bist, der in einer menschlichen Welt lebt. Dein Einfluss und

deine Fähigkeiten sind begrenzt, und deine Umgebung kann dich nur bis zu einem gewissen Grad aufnehmen.

2. Um dir Zeit und Raum für Selbstreflexion zu geben und gegebenenfalls Anpassungen vorzunehmen.

3. Um die soziale Hierarchie ins Gleichgewicht zu bringen. Wenn eine Person in einer Gruppe mehr Macht und Grandiosität zeigt als die anderen, dämpft die Scham die Grandiosität der Übrigen, um das Gleichgewicht wiederherzustellen. Wenn hingegen eine Person ihre Macht und Grandiosität demonstriert und von einem anderen Mitglied, das sich bedroht fühlt, zurückgestutzt wird, entsteht Scham, um dies auszugleichen. Dieser Ausgleich dient dazu, Konformität und Einheit zu fördern und sicherzustellen, dass das Boot nicht zu sehr ins Schwanken gerät.

Scham wirkt effektiv auf zwei Ebenen:

- **Persönlich:** Persönliche Scham entsteht, wenn du dir eine bestimmte Realität für dich selbst vorstellst, diese aber nicht erreichst. Zum Beispiel, wenn du dir deinen Traumurlaub nicht leisten kannst oder dir wünschst, größer (oder kleiner) zu sein.
- **Sozial:** Soziale Scham basiert auf den Menschen um dich herum, z. B. wenn du zu laut bist und von einem geliebten Menschen missbilligend angestarrt wirst oder wenn jemand anderes mehr Geld hat als du.

Wenn du dir hohe Ziele setzt und diese nicht erreichst, erinnert dich die Scham daran, dass du noch nicht so weit bist und dich verbessern musst. Wenn dein Umfeld deine Bedürfnisse, Wünsche und Selbstentfaltung nicht toleriert, setzt die

Scham ein, um dich zu warnen, dass das, was du tust und wer du in diesem Moment bist, eine Bedrohung für diejenigen darstellt, die dir wichtig sind.

Pass dich an, sei nett – sei gut genug, mach es richtig

Es geht bei Scham ganz klar nicht nur darum, dass man sich zu wichtig nimmt. Es geht darum, den Standards gerecht zu werden, die von den Menschen in deinem Leben und der Gesellschaft als Ganzes gesetzt werden.

Stelle dir ein Kind vor, das mit seiner Familie zusammensitzt. Alle essen Schokolade, aber dem Kind wird gesagt, es dürfe erst welche haben, wenn es älter ist. Jeder genießt seine leckere Schokolade, kostet jeden Bissen und tauscht sich darüber aus, was ihm am besten schmeckt.

Jetzt stelle dir vor, das Kind sitzt da, beobachtet das Ganze, möchte unbedingt mitmachen, wird aber von seinem Vater oder seiner Mutter streng zurechtgewiesen, dass das nicht geht. Das Kind fühlt sich nicht nur zurückgehalten, sondern auch minderwertig. Es wird von Scham überwältigt. Es spürt die harte Realität, dass es etwas will, aber nicht dazu in der Lage ist. Es leidet darunter, den Menschen, die es schätzt, nicht gerecht zu werden. Das ist eine sehr schmerzhafte Erfahrung.

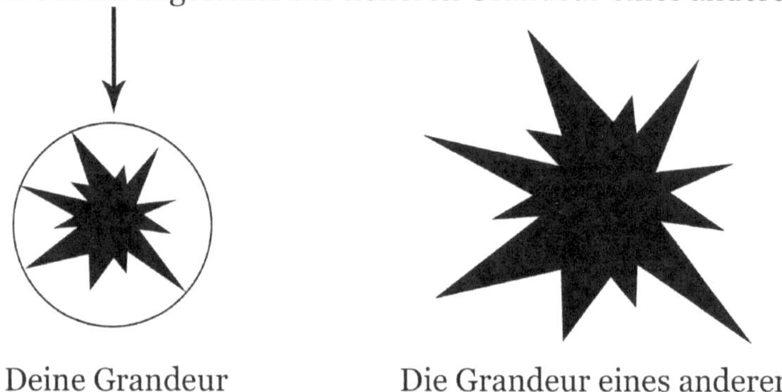

Abbildung 1: *Scham entsteht, wenn deine Grenzen kleiner sind als die einer anderen Person.*

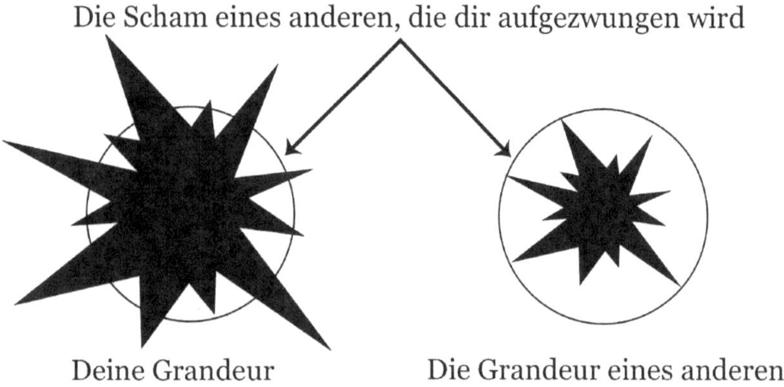

Abbildung 2: *Du empfindest auch Scham, wenn der Ausdruck deiner Grandeur von einer anderen Person nicht akzeptiert wird.*

Jeder kann sich an Momente erinnern, in denen er gesehen hat, dass es anderen besser geht, und sich daraufhin minderwertig gefühlt hat. Es wurde ein Standard gesetzt, den man schätzt und erreichen möchte.

Du möchtest zum Beispiel abnehmen. Eines Tages erzählt dir dein Kollege voller Freude, wie er es geschafft hat, im letzten Monat sechs Kilogramm abzunehmen. Du beginnst sofort zu überlegen, wie weit du mit deiner Gewichtsabnahme bist. Deine Realität verengt sich und du beginnst darüber nachzudenken, was du tun kannst, um dasselbe zu erreichen. Du sagst zum Beispiel: „Ja, ich melde mich bald im Fitnessstudio an. Mein Ziel ist es, bis Ende des Jahres zehn Kilogramm abzunehmen." Deine Scham hat eingesetzt.

Je mehr du darüber nachdenkst, desto klarer wird dir, wie Scham die Gesellschaft zusammenhält. Je nach Situation wird dich Scham entweder niedermachen oder dazu anspornen, zu wachsen und dich zu verbessern. Die Scham will nicht, dass jeder Mensch herumläuft und glaubt, er sei ein König. Aber sie will auch nicht, dass Menschen zu weit hinter die Masse zurückfallen. Sie will, dass die Gemeinschaft ein Gleichgewicht und Harmonie erreicht, sich nach den Regeln verhält und den von anderen gesetzten Standards gerecht wird. Sie will, dass wir das tun, was die Mehrheit tut, dass wir so handeln, fühlen und uns verhalten wie andere Menschen.

Scham wird auf unzählige Arten aktiviert. Zum Beispiel:

Szenario	Schamreaktion
Deine Kollegen unterhalten sich miteinander und du sitzt allein da.	„Ich fühle mich wie ein Freak, wenn ich allein dasitze."
Du lachst unkontrolliert, bis deine Mutter oder dein Vater dich scharf ansieht und dir sagt, du sollst aufhören.	Deine Begeisterung schwindet. „Ich sollte mich zivilisiert verhalten und respektieren, dass andere sich durch den Tumult bedroht oder gestört fühlen."
Eine Gruppe von Leuten sitzt zusammen und lacht, während du und deine Freunde still daneben sitzen.	„Die haben Spaß, warum wir nicht?"
Du siehst ein Poster eines Supermodels und fängst an, dich mit ihm/ihr zu vergleichen.	„Ich bin nur ein ganz normaler Mensch. Schau mal, wie toll er/sie ist."
Eine Freundin erzählt dir von ihrem spektakulären Wochenende mit vielen sozialen Kontakten und Alkohol. Dann fragt sie dich, was du gemacht hast, worauf du antwortest: „Ich habe nur mit meiner Familie zu Mittag gegessen und ferngesehen."	Du stellst dein Sozialleben in Frage. „Schau mal, wie viel Spaß alle anderen haben. Mein Leben ist langweilig."
Du erzählst deinen Eltern ganz aufgeregt von deiner Beförderung, aber sie reagieren nicht besonders begeistert.	Deine Begeisterung und Aufregung lassen merklich nach und du beginnst zu hinterfragen, wie toll deine Beförderung wirklich ist.

Ob richtig oder falsch, Scham will, dass wir uns anpassen. Sie sagt uns, dass wir nicht gut genug sind und uns verbessern oder anpassen müssen, um dazuzugehören. Sie sagt uns, dass wir zu weit gegangen sind und uns zurückhalten müssen. Sie sagt uns, dass die Macht in unserer Gruppe begrenzt ist und wir das Gleichgewicht gefährden, wenn wir zu viel fordern. Sie lehrt uns, dass wir keine Götter sind und dass wir in einer Gesellschaft leben. Sie zielt nicht nur darauf ab, unsere Grandiosität in Schach zu halten, sondern auch darauf, uns zusammenzuhalten. Wenn unsere Bedürfnisse, Wünsche und Äußerungen den Stamm zu sehr gefährden oder uns zu sehr von ihm trennen, dann gefährdet das unseren Platz in der Gruppe. Wir sind darauf programmiert zu glauben, dass wir nur dann in Harmonie leben können, wenn alle auf dem gleichen Niveau sind.

Das Scham-/Grandiositäts-Kontinuum

Eine Gemeinsamkeit von Scham und Grandiosität ist, dass sie beide einen Vergleich mit jemandem oder etwas erfordern. Allein zu sein löst wahrscheinlich keine Scham aus, bis man sich mit einer Gruppe von Menschen vergleicht, die gemeinsam Spaß haben. Auf einer Bühne zu stehen hat keine Wirkung, wenn man nicht von einer jubelnden Menge verehrt wird. Diese Gemeinsamkeit von Scham und Grandiosität lässt sich am besten anhand eines Kontinuums darstellen:

Das Scham-/Grandiositäts-Kontinuum

Ungesunde Scham	Gesunde Scham	Grandiosität
„Ich bin weniger als ein Mensch."	„Ich bin ein Mensch."	„Ich bin ein Gott."
„Ich bin minderwertig und unfähig."	„Ich bin fähig, habe aber Grenzen."	„Ich habe unendliche Macht."
„Ich bin nichts Besonderes."	„Ich bin genauso wertvoll wie jeder andere auch."	„Ich bin besser als alle anderen."
„Ich bin dazu da, anderen zu dienen."	„Menschen müssen sich gegenseitig unterstützen."	„Die Menschen müssen mir dienen."

Abbildung 3: Das Scham-/Grandiositäts-Kontinuum. *Zu viel Scham schränkt die Lebenskraft einer Person stark ein und führt dazu, dass sie sich weniger als menschlich fühlt, während zu viel Grandiosität dazu führt, dass sich eine Person mehr als menschlich fühlt und die Lebenskraft anderer Menschen stark einschränkt.*

Wenn alle Menschen in einer Gruppe als gleich angesehen werden, liegen sie in der Mitte des Kontinuums und fühlen sich vollkommen menschlich. Da jede soziale Hierarchie ein Gleichgewicht erfordert, müssen andere Menschen umso mehr Scham empfinden, je grandioser eine Person auftritt, um dies auszugleichen. Wenn Grandiosität außer Kontrolle gerät, drängt sie andere Menschen zu weit nach links auf dem Kontinuum. Je weiter links eine Person gedrängt wird, desto minderwertiger und unwürdiger fühlt sie sich. Wenn jemand zu weit nach rechts auf dem Kontinuum driftet, verliert er den Bezug zu seiner Menschlichkeit und interessiert sich mehr für sein eigenes Wohlergehen als für das anderer. Er fühlt sich übermenschlich. Die Mitte des Kontinuums ist ein Maß für gesunde Scham, bei der eine Person sowohl ihre Grandeur als auch ihre Menschlichkeit bewahrt.

In jeder Beziehung gilt: Je weiter eine Person auf dem Kontinuum nach rechts driftet, desto weiter nach links wird die andere Person gedrängt. Indem du den Eindruck erweckst, dass du mehr hast oder mehr bist, zwingst du die andere Person, ihre Scham zu spüren. Wenn sich hingegen zwei Menschen auf Augenhöhe befinden, sitzen sie beide in der Mitte des Kontinuums, und die Scham hebt sich gegenseitig auf.

Das Grandiositätsgesetz

Grandeur ist eine starke und kreative Kraft. Dieser überwältigende Drang in uns allen, „mehr zu sein", ist zwar berauschend, kann aber zu Problemen führen, wenn er zur Grandiosität wird. Wie das Scham-/Grandiositäts-Kontinuum zeigt, kann uns in jedem geschätzten Bereich – sei es Attraktivität oder sozialer Status – jemand davon überzeugen, dass er über uns steht. Menschen mit hohem Status können eine Messlatte setzen und unsere eigene Schamreaktion hervorrufen. Nennen wir dieses Phänomen das *Grandiositätsgesetz*.

Das Grandiositätsgesetz ist die auf Scham basierende Reaktion einer Person, die auf jemanden trifft, den sie als höhergestellt wahrnimmt.

Dieses Gesetz besagt, dass wir auf fünf verschiedene Arten reagieren können:

- **Den niedrigen Status akzeptieren:** Wir müssen mit unserer Scham klarkommen und uns klein machen, damit das Gleichgewicht auf dem Kontinuum wiederhergestellt wird. Dazu gehört, dass wir keine Wellen schlagen und keine Versuche unternehmen, uns zu verbessern.

- **Versuchen, den höheren Standard zu erreichen:** In diesem Fall wirkt Scham als Antrieb für Wachstum und Verbesserung. Denke zum Beispiel an die Männer und Frauen im Fitnessstudio oder im Schönheitssalon, die von der schamlosen Schönheits- und Gesundheitsindustrie, die einen Maßstab für das perfekte Aussehen setzt, angespornt werden.

- **Identifizieren:** Manche Menschen entscheiden sich dafür, sich mit einer Berühmtheit oder Sportlerpersönlichkeit zu identifizieren. Indem sie jede ihrer Bewegungen nachahmen und sich psychologisch mit dem Prominenten „verschmelzen", *werden* sie effektiv zu dieser hochrangigen Persönlichkeit. Auf diese Weise können sie ihre Scham, „gewöhnlich" zu sein, komplett umgehen. In ihrer Vorstellung sind sie auf einer Stufe mit dem Star. Sie sind im selben Team wie die hochrangige Persönlichkeit und können so ihre Grandiosität ausleben, anstatt in Scham zu versinken.

- **Disidentifizieren:** Wenn man einen Standard als unwichtig erachtet, wird der Effekt kurzgeschlossen. Viele Menschen beneiden Prominente nicht, sondern kanalisieren ihre Grandeur stattdessen beispielsweise in ihre eigene Kunst. Das Abnehmen einer anderen Person bedeutet dir nichts, wenn du dich nicht mit deinem eigenen Gewicht beschäftigst.

- **Angreifen:** Scham in Wut umzuwandeln ist ein Versuch, Macht zurückzugewinnen. Denke an die abfälligen Bemerkungen und Herabsetzungen in den Kommentaren in den sozialen Medien. Das ist ein Versuch, den „Star" zu Fall zu bringen, um dem Gefühl der Scham entgegenzuwirken – also dem Gefühl, nicht dem Standard zu entsprechen.

Scham ist der Grund, warum wir so stark von Prominenten und anderen hochrangigen Persönlichkeiten beeinflusst werden. Prominente ragen buchstäblich auf Plakatwänden und Kinoleinwänden über uns hinweg. Für viele Menschen sind Prominente schwer zu ignorieren, da sie in allen Medien präsent sind. Sie werden so vermarktet, dass sie die Illusion vermitteln, mehr zu haben, mehr zu wissen und mehr zu sein. In unserer sozialen Hierarchie stehen sie angeblich an der Spitze.

Doch das Grandiositätsgesetz und das Scham-/Grandiositäts-Kontinuum sind nicht nur auf Promis beschränkt. Sie können genauso auf unsere Freunde und Familie zutreffen, die wir als besser als uns selbst sehen, also diejenigen, die wir für reicher, fähiger, weiser oder stärker halten. Sie können in jeder Beziehung gelten, egal ob romantisch oder nicht, und auf jeden Fall in der Eltern-Kind-Beziehung.

Die missverstandene Emotion

So schrecklich es sich auch anfühlen mag, Scham ist nicht dazu da, uns zu schaden. Sie gibt uns Feedback und erinnert uns nicht nur daran, wenn wir es übertreiben, sondern auch, wenn wir noch nicht ganz am Ziel sind. Sie erfüllt einen edlen

Zweck. Wenn du deine Grenzen kennst, kannst du innerhalb einer überschaubaren Struktur funktionieren.

Bevor du zum Beispiel ein Instrument spielen kannst, musst du erst die Akkorde und die Theorie lernen, dann hunderte Stunden üben und viel ausprobieren. Du musst dich deinen Grenzen stellen und immer wieder daran erinnert werden, bis du dein Ziel erreichst. Wenn dich jemand in etwas übertrifft, spornt dich deine Scham an, dich zu verbessern und den neuen Standard zu erreichen. Sie verhindert, dass man selbstgefällig wird. In diesem Zusammenhang ist Scham ein nützliches Werkzeug.

Scham ist nur dann schädlich, wenn sie *unüberwindbar* ist. Nicht gut genug zu sein, aber die Chance zu haben, sich zu verbessern oder zu verändern, ist lebensbejahend. In einer Endlosschleife zu stecken, in der man niemals gut genug ist, ist hingegen lebenszerstörend. Das Gefühl, *nie* gut genug zu sein, ist von großer Verzweiflung geprägt. Die Hoffnung, gut genug zu sein, ist es, was uns im Leben antreibt. Das ist der Sinn des Lebens: Wie zwei Rugby-Teams sollte unsere Grandeur gegen unsere Scham antreten, den Druck aufrechterhalten und immer mehr Boden gewinnen, bis wir unser Ziel erreichen – oder bis wir unsere Grenzen akzeptieren und Frieden mit ihnen schließen.

Außerdem fühlt es sich toll an, mit den Menschen in deinem sozialen Umfeld gleich und eins zu sein. Das ist das Wesen des Menschseins. Indem wir unsere Scham annehmen, können wir in einem Zustand der Gleichheit und Menschlichkeit leben. Wir sind psychologisch gottgleich und physisch sterblich.

Wir sind *sterbliche Götter*. Wir sitzen alle im selben Boot. Und das können wir nur durch unsere Scham erkennen.

Wenn Scham toxisch wird

Scham hat eine dunkle Seite. Sie entsteht nicht immer aus guten Gründen. Sie kann dir von Menschen aufgezwungen werden, die nicht dazu in der Lage sind. Sie kann auch von Menschen erfunden werden, die ihr eigenes Gefühl von Grandiosität steigern wollen. Es spielt keine Rolle, was der Maßstab ist – solange du daran glaubst, wirst du davon beeinflusst.

Das Gleiche gilt auch umgekehrt. Wenn du die Schwächen deiner Freunde herabsetzt, verspürst du möglicherweise ein Gefühl von Grandiosität. Das kann verheerende Folgen haben. Wenn jemand ein Szenario schafft, in dem du glaubst, dass du unter ihm stehst, und dich klein macht, aktiviert er deine Scham. Du tauchst unbewusst in dein dunkles, isoliertes, psychologisches Fegefeuer ein und glaubst, dass du Bilanz ziehen und dich verbessern musst. Du sinkst unter das Niveau der Menschlichkeit und beginnst, dich weniger als Mensch zu fühlen – du fühlst dich minderwertig.

Wenn dich jemand genug beschämt und dies in der Beziehung ständig verstärkt, bleibst du in diesem Zustand gefangen. Es wird Teil deiner Kernidentität. Das Ergebnis ist *toxische Scham*. Du wirst dich selbst herabsetzen, um dich anzupassen. Du wirst deinen Blick senken, leiser sprechen, dich weniger ausdrücken und mehr an dir zweifeln. Du wirst kooperativer und beschwichtigender werden. Eure jeweiligen Positionen an den entgegengesetzten Enden des Kontinuums werden sich verfestigen, und es entsteht ein ungerechtes Machtgleich-gewicht.

Genau darauf setzt der Narzisst.

Der Kern des Narzissten

Uns auf die richtige Art klein fühlen zu lassen, ist eine Aufgabe der Kunst; Menschen können uns nur auf die falsche Art klein fühlen lassen.

– E. M. Forster

Die meisten von uns lassen sich gerne von ihren Gefühlen beeinflussen. Manche mehr als andere. Empathie lässt uns die Not anderer spüren und ihnen helfen wollen. Scham hält unsere Grandiosität im Zaum und erinnert uns daran, dass wir keine Götter sind, vor denen sich alle verneigen müssen, sondern Menschen mit Fehlern, die miteinander auskommen und sich ständig verbessern und anpassen müssen. Schuld zwingt uns, über unsere falschen Handlungen nachzudenken und Wiedergutmachung zu leisten. Diese Gefühle können schmerzhaft sein, aber sie sind auch gut. Sie helfen uns dabei, gesunde Beziehungen zu pflegen, zusammenzuleben und eine bessere Welt zu schaffen.

Narzissten interessiert das alles nicht. Deine Gefühle sind ihnen völlig egal. Für sie geht es bei Gefühlen nicht darum, eine harmonische Gesellschaft zu schaffen oder erfüllende Beziehungen zu pflegen – sie sind ein Mittel, um dich zu kontrollieren. Triangulation, Baiting und Hoovering sind mal subtile, mal weniger subtile Techniken, mit denen Narzissten ihre Zielpersonen über Emotionen kontrollieren. Wenn sie etwas auf eine bestimmte Art sagen, können sie die Emotionen ihrer Zielperson auslösen und sie zu einer Reaktion bringen. Narzissten wissen das ganz genau. Taktiken sind zwar wichtig, aber wir müssen uns nicht nur darauf konzentrieren, was der Narzisst *tut*. Was wir zuerst verstehen müssen, ist, was der Narzisst *ist*.

Narzissten sind schamlos.

Das ist das Hauptmerkmal von Narzissmus. Ein Narzisst hat keinen Zugang zu Empathie oder Scham. Manche Leute sagen, dass Narzissten überhaupt keine Scham empfinden können, andere, dass sie ihre Scham schon früh abgelehnt haben, um sich ein grandioses, falsches Selbst zu schaffen. So oder so: Narzissten sind schamlos. Weil sie keine Scham empfinden, kann ihre Grandiosität ungehindert wachsen. Um sich jedoch immer grandios fühlen zu können, sind sie auf Menschen angewiesen, von denen sie sich „nähren" können. Infolgedessen leben Narzissten ihre Grandiosität aus, indem sie andere Menschen unterwerfen und objektivieren. Auf dem Scham-/Grandiositäts-Kontinuum versuchen Narzissten, andere Menschen so weit wie möglich nach links zu drängen (Scham), während sie ihre eigene Position auf der rechten Seite (Grandiosität) beibehalten.

Schamlosigkeit ist das Subtilste an einem Narzissten und am schwersten zu erkennen. Sie ist auch der Kern eines Narzissten und das, was ihn für unser Wohlbefinden so gefährlich macht. Durch seine Schamlosigkeit braucht der Narzisst keine Selbstreflexion. Durch seine Schamlosigkeit muss er weder seine Grenzen noch seine Menschlichkeit zugeben. So schafft er sich einen undurchdringlichen Schutzschild. Er muss nicht zugeben, im Unrecht zu sein. Er muss nicht zugeben, nicht gut genug zu sein. Er muss sich nicht entschuldigen. Und er muss anderen ganz sicher nicht den Vortritt lassen.

In der Gegenwart eines so schamlosen Menschen wird die gesamte Scham automatisch auf dich zurückgeworfen. Indem der Narzisst sich mit einer Aura der Göttlichkeit umgibt, fühlst du dich in seiner Gegenwart sofort minderwertig. Wenn du hingegen mit jemandem zusammen bist, der gesunde Scham zeigt, fühlst du dich warm und hast ein Gefühl von Kameradschaft und Gleichheit. Wenn du mit einem Narzissten zusammen bist, fühlst du dich meistens mies. Von einem Narzissten großgezogen zu werden oder mit einem Narzissten in einer Beziehung zu sein, ist wie den ganzen Tag in der heißen Sonne zu stehen. Narzissten spiegeln dir deine ganze Scham zurück, allein durch ihre Anwesenheit.

Das kann leicht übersehen werden, wenn man längere Zeit mit Narzissten zusammen ist. Sie müssen nicht einmal offen missbräuchlich sein. Es geht nicht nur darum, ihr manipulatives Verhalten zu erkennen, sondern auch darum, sich bewusst zu machen, welche Gefühle sie in einem auslösen. Es gibt etwas Abstoßendes daran, das sich knapp unterhalb der Bewusstseinsschwelle abspielt. Es ist, als wäre man in einem emotionalen Fegefeuer. Du wartest ständig darauf, akzeptiert zu werden, um die Freude einer erfüllenden, menschlichen Beziehung zu erleben, doch der Narzisst hält dich auf Distanz. Das ist der Kern einer Beziehung mit einem Narzissten; damit fängt alles an. Narzissten sind wie Teflon – nichts bleibt an ihnen haften. Alle Fehler und Unzulänglichkeiten, also alles Menschliche, werden auf dich zurückgeworfen. Du bist immer der Verletzliche. Durch seine Schamlosigkeit zwingt der Narzisst den anderen, die Scham zu tragen und sich minderwertig zu fühlen.

Wie bereits erwähnt, wird die Person, wenn sie dies kontinuierlich und lange genug empfindet, es schließlich verinnerlichen. Es wird mit ihrer Persönlichkeit verflochten und existiert als ständiger Schatten über ihrer gesamten Erfahrung. Wenn man über einen längeren Zeitraum Wut empfindet, wird man zu einem wütenden Menschen. Wenn man über einen längeren Zeitraum depressiv ist, wird man zu einem depressiven Menschen. Wenn man über einen längeren Zeitraum Scham ausgesetzt ist, glaubt man, dass man bis ins Mark fehlerhaft ist. Diese toxische Scham macht Schamlosigkeit in einer Beziehung besonders gefährlich – noch bevor es zu offenem Missbrauch kommt.

Schamlosigkeit erzeugt Scham in anderen und zeigt sich auf viele subtile Arten. Ein Narzisst könnte beispielsweise:

- **Ständig danach streben, die Kontrolle zu haben:** Das kann so einfach sein, wie dir ungeduldig den Besen aus der Hand zu reißen, wenn du kehrst, und die Arbeit selbst zu erledigen. Wenn er sich weigert, die Kontrolle abzugeben oder einer Person zu erlauben, in ihrem eigenen Tempo zu lernen, vermittelt der Narzisst ihr das Gefühl, unfähig zu sein, „die Arbeit zu erledigen".

- **Herablassende Blicke oder Augenrollen verwenden:** Ein herablassender Blick kann eine Botschaft vermitteln wie „Ich tue dir einen Gefallen, indem ich dich ertrage und dich in meiner Nähe dulde".

- **Über deine Schwächen kichern und lachen:** Dieses allwissende Lachen, wenn du einen Fehler machst, vermittelt, wie amüsant du im Vergleich zu einer Person bist, die denselben Fehler nicht machen würde. Oft ist der Fehler gar keiner, sondern der Narzisst spottet lediglich darüber, dass du etwas anders gemacht hast, als er es tun würde. Es kommt auch nicht selten vor, dass du ausgelacht wirst, selbst wenn du etwas richtig gemacht hast – einzig und allein, damit du dich selbst anzweifelst und glaubst, der Narzisst wisse etwas, was du nicht weißt.

- **In deiner Gegenwart in der dritten Person über dich sprechen:** Wenn du in deiner Gegenwart mit jemand anderem besprochen wirst, insbesondere in einer ungünstigen Weise, kann das dazu führen, dass du dich beschämt und machtlos fühlst. Zum Beispiel: „Lisa ist so faul im Haushalt. Sie hat keine Hausarbeit gemacht, sie schaut nur den ganzen Tag Netflix." Wenn das in deiner Gegenwart zu jemand anderem gesagt wird, rückt es dich ins Rampenlicht, ohne dich tatsächlich in das Gespräch einzubeziehen. Es entsteht die Illusion, dass zwei Personen mit „höherem Wissen" über dich diskutieren: das Objekt der „Besorgnis". Erstens ist eine solche Aussage subjektiv (Lisa hat sich vielleicht ein bisschen unwohl gefühlt und ein paar Stunden Netflix geschaut, um sich zu entspannen) und stellt dich vor die Wahl, dich entweder zu verteidigen oder Scham zu empfinden.

- **Sich durch Geschichten aufblasen:** Das Erzählen von Geschichten, die den Narzissten in einem überlegenen Licht erscheinen lassen, lässt die Zuhörer im Vergleich dazu klein erscheinen. Viele Narzissten sind großartige Geschichtenerzähler, und in ihren Geschichten sind sie in der Regel stark und überlegen. Eine alternative Möglichkeit, ihr Image in einer Geschichte aufzubessern, besteht nicht nur darin, sich selbst zu erhöhen, sondern auch die Person, die sie in ihrer Geschichte beschreiben, herabzusetzen.

- **Sich durch Behauptungen und Ablenkung aufwerten:** Ein Narzisst vermeidet es, Schwächen oder Grenzen zuzugeben. Der Narzisst könnte einen Satz mit „Ich habe noch nie …" oder „Ich habe immer …" beginnen. Zum Beispiel: „Ich werde nie von jemandem verlassen, ich bin immer derjenige, der sich von anderen trennt" oder „Ich komme immer innerhalb von zehn Minuten durch die Warteschlange". Die zweite Aussage kommt besonders dann vor, wenn du sagst, dass du eine Stunde warten musstest. Das hebt den Narzissten von den „glücklosen Trotteln" ab und lässt ihn als etwas Besonderes erscheinen.

- **Kritische, rhetorische Fragen stellen:** Zum Beispiel: „Warum hast du die Teller so aufgestellt?" oder „Warum trägst du diese Hose?" Diese Fragen haben keine wirkliche Antwort und keinen anderen Zweck, als deine vermeintliche Inkompetenz hervorzuheben.

- **Sich weigern, Empathie und Unterstützung zu zeigen:** Wenn du etwas Echtes teilst, das dir wichtig ist, wird der Narzisst es so schnell wie möglich abtun oder einfach ignorieren. Er könnte einfach nicken, das Thema wechseln oder das, was du sagst, analysieren und lösen wollen. Er tut dies, damit du seine Emotionen nicht beeinflussen kannst. Diese Ablehnung deiner ehrlichen Äußerung lässt dich schamvoll und ungeliebt fühlen. Es wird nichts Offensichtliches getan, aber es fühlt sich seltsam an, wenn du merkst, dass die Person, der du deine Erfahrungen anvertraust, sich nicht genug um dich kümmert, um Empathie zu zeigen.

- **Deine Grenzen überschreiten:** Ein Narzisst könnte annehmen, dass er weiß, was das Beste für dich ist, ohne dich vorher zu fragen. Er bestellt dein Getränk, trifft Entscheidungen, die dich betreffen, und öffnet deine Post – alles ohne dich zu fragen. Das objektiviert dich und vermittelt dir das Gefühl, dass nur der Narzisst weiß, was das Beste für dich ist.

- **Sich weigern, deine Pläne mitzumachen oder sich von dir beeinflussen zu lassen:** Die Beziehung ist in der Regel unausgewogen. Der Narzisst hat das Sagen und entscheidet, wohin ihr geht, was ihr macht und wie lange. Er nutzt das geringe Selbstwertgefühl seiner Zielperson aus, um dies durchzusetzen. Indem er der Zielperson keine Vorlieben entgegenbringt, kann der Narzisst ihr Selbstwertgefühl weiter untergraben.

- **Unerwünschte, vermeintlich neutrale Bemerkungen machen:** z. B. „Du hast Haare in den Ohren", oder „Weißt du, du bist immer der Erste, der mit dem Essen fertig ist", oder „Du musst dir neue Schuhe kaufen". Das soll dich verunsichern, ohne wie ein direkter Angriff zu wirken.

- **Besorgnis vortäuschen oder übertreiben:** Durch übertriebene Besorgnis kann der Narzisst dir das Gefühl geben, dass du Hilfe brauchst, auch wenn du das ursprünglich gar nicht so empfunden hast. Obwohl wir alle manchmal mit Schwierigkeiten im Leben zu kämpfen haben, können wir uns durch übertriebene Besorgnis wie ein hoffnungsloser Fall fühlen, d. h. wie jemand, der mit dem Leben nicht zurechtkommt. Diese vorgetäuschte oder übertriebene Besorgnis geht normalerweise mit einem besorgten Blick einher.

— **Dich mit anderen vergleichen:** Wenn der Narzisst darauf hinweist, dass jemand, den er kennt, etwas kann, was du nicht kannst, oder etwas besser kann als du, zwingt er dich, dich auf einer Werteskala zu positionieren. Ob real oder nicht, es ist beschämend und kann schwer zu ignorieren sein. Ein Mann könnte im Fitnessstudio versuchen, Muskeln aufzubauen, und dann von seiner Freundin darauf hingewiesen werden, wie muskulös ihr Ex-Freund war. Ein Elternteil kann seiner alleinstehenden Tochter (subjektiv) erklären, dass alle anderen Frauen in ihrem Alter glücklich verheiratet sind und Kinder haben. Diese subtilen Vergleiche untergraben das Selbstwertgefühl und lösen Scham aus.

Beachte, dass alle oben genannten Verhaltensweisen darauf abzielen, die Illusion zu erzeugen, dass die Zielperson weniger wert ist und der Narzisst mehr wert ist und mehr Autorität hat.

Kameraden in Scham

Diejenigen, die sich zu lange auf der linken Seite des Scham-/Grandiositäts-Kontinuums befinden, verinnerlichen Scham. Sie fühlen sich minderwertig und weniger als menschlich. Sie haben das Gefühl, dass sie die Unterstützung anderer nicht verdienen, sondern dass sie selbst anderen diese geben müssen.

In einer gesunden Beziehung hingegen wird die Scham geteilt und dadurch aufgehoben. Alle Beteiligten arbeiten zusammen, um in der Mitte des Kontinuums zu bleiben. Dabei wird unbewusst kommuniziert, dass wir alle Menschen sind, dass wir alle Fehler machen und dass keiner von uns besser ist als der andere. Wir sind gleichwertig. Ob beabsichtigt oder nicht, alles, was dem entgegensteht, ist per Definition beschämend.

Wenn beispielsweise jemand einem Freund erzählt, dass er sich vor einer attraktiven Person blamiert hat, könnte der Freund als Zeichen der Akzeptanz und Solidarität eine ähnliche Erfahrung teilen. Dann ist die Scham kein Thema mehr. Wenn du dieselbe Geschichte einem Narzissten erzählst, könnte er dich auslachen und dann davon erzählen, wie attraktiv seine letzte Eroberung war.

In einer gesunden Beziehung wird das, was du teilst, von der anderen Person respektiert und ernst genommen. Deine Grenzen werden respektiert, und in der Beziehung geht es um Teilen und Gleichberechtigung, nicht um Kontrolle und Konkurrenz. Es gibt keine Psychospielchen. Du lachst gemeinsam mit der anderen Person und bist nicht Ziel ihres Spottes.

Menschen mit einem gesunden Schamgefühl und Empathie handeln wie folgt:

– Sie spiegeln deine Emotionen wider.

- Sie suchen nach Möglichkeiten, *mit* dir zu lachen.
- Sie geben zu, wenn sie im Unrecht sind, ohne Ausreden zu suchen.
- Sie geben dir Raum, dich auszudrücken.
- Sie passen sich an deine emotionalen Erfahrungen an, um eine Verbindung zu dir herzustellen.
- Sie fühlen sich wohl mit Grenzen in der Beziehung.
- Sie ermöglichen eine gleichberechtigte Stellung in der Beziehung.
- Sie respektieren deine Verletzlichkeit und erlauben sich selbst auch, verletzlich zu sein.

Wenn jemand Menschen um sich hat, die sich für Gleichberechtigung und eine ausgewogene Position auf dem Scham-/Grandiositäts-Kontinuum einsetzen, dann hat er *gesunde Scham*. Er glaubt an sein Potenzial und seinen Selbstwert, akzeptiert aber seine eigenen Grenzen und respektiert das Recht anderer, ihre eigene Grandeur zum Ausdruck zu bringen. Er lässt sich nicht durch seine Scham definieren und kontrollieren. Er nutzt sie einfach, um zu wachsen und mit den Menschen, die ihm wichtig sind, gut auszukommen. Er sucht nach Wegen, sich zu entfalten und gleichzeitig mit anderen zusammenzuleben und sie zu unterstützen. Er toleriert auf keinen Fall Schamlosigkeit bei anderen.

Auf Schamlosigkeit reagieren

Wie bereits erwähnt, fördert das Grandiositätsgesetz eine von fünf schambasierten Reaktionen. Dieses Gesetz lässt sich auch auf Narzissmus anwenden. In einer Beziehung mit einem Narzissten kann die Zielperson wie folgt auf Schamlosigkeit reagieren:

- **Den niedrigen Status akzeptieren:** Toxische Scham wird überhandnehmen. Wenn der Narzisst ein Elternteil ist, hat das Kind keine andere Wahl, als seine Position in der Hackordnung zu akzeptieren. Als Erwachsener wird die Zielperson, wenn der Narzisst ihr Selbstwertgefühl ausreichend zerstört hat oder sie in eine Beziehung mit ihm hineingezogen hat, dazu gebracht, ihren niedrigen Status zu akzeptieren.

- **Versuchen, den Standards des Narzissten gerecht zu werden:** Die Zielperson könnte sich noch mehr bemühen, zu gefallen, sich zu erklären und zu verteidigen oder sich zu ändern und zu verbessern. Der Narzisst wird einfach die Messlatte höher legen. Das hört nie auf und führt fast immer zu einem überwältigenden Gefühl der Scham.

- **Sich mit dem Narzissten identifizieren:** Das ist der häufigste Fall. Für ein Kind ist es ganz normal, sich mit den Eltern zu identifizieren und sie als allmächtig und gut zu sehen. Das ist eine wichtige Überlebensstrategie. In einer Beziehung mit einem Narzissten wird die Zielperson davon überzeugt, dass sie sich in einer liebevollen, gleichberechtigten Partnerschaft befindet. Viele kümmern sich einfach um ihre Nächsten, und so sorgt ihre Liebe dafür, dass sie sich weiterhin positiv mit dem Narzissten und allem, was dazugehört, identifizieren.

- **Sich vom Narzissten disidentifizieren:** Diese Möglichkeit haben Kinder nicht. Im Erwachsenenalter ist dies in der Regel der beste Weg. Dies kann bedeuten, die Beziehung zu beenden oder sich als Schutzmechanismus emotional zurückzuziehen. Dies wird später im Kapitel „Verbrannte Erde" näher erläutert.

- **Den Narzissten diskreditieren:** Es ist nicht ratsam, sich mit Narzissten anzulegen. Sie sind gut darin, mit anderen zu spielen, und das gibt ihnen Kraft. Sich auf ihr Niveau zu begeben, gibt ihnen nur narzisstische Versorgung. Auch dies wird später genauer erklärt.

Der Kern der Zielperson

Erlösung ist nicht Perfektion. Die Erlösten müssen sich ihrer Unvollkommenheiten bewusst werden.

– John Piper

Über das wahre Selbst

Im Kern jedes Menschen steckt das wahre Selbst. Dieses wahre Selbst ist geprägt von Emotionen, Kreativität, Spontaneität, Energie, Neugier, Liebe, Frieden, Intuition und natürlich Grandeur. Es kennt keine Logik, sondern überlässt dies dem denkenden Verstand.

Stattdessen kann das wahre Selbst die Welt auf eine Weise wahrnehmen, die dem Verstand verwehrt ist. Der Verstand hat die Fähigkeit, Informationen zu lernen, zu speichern, zu verarbeiten und zu nutzen. Das wahre Selbst hat die Fähigkeit, neues Wissen aus dem Nichts zu *erschaffen*. Während der Verstand *analysiert* und *vergleicht*, *intuiert* und *fühlt* das wahre Selbst und integriert durch dieses Gefühl die Welt um sich herum in seinen Kern. Es ist ein sehr empfindlicher Teil von uns, der ungeschützt auf unzählige Arten beschädigt und beeinträchtigt werden kann. Wir alle haben schon einmal die Neugier und Lebendigkeit eines Kindes erlebt. Das ist das wahre Selbst des Kindes, bevor sich sein Verstand voll entwickelt hat und anfängt, seine Erfahrungen zu filtern.

Die Verbindung mit unserem wahren Selbst schafft eine Fülle von Energie und Inspiration. Obwohl es sensibel ist, ist es auch der mächtigste Teil von uns. Es ist unsere Lebenskraft. Wenn es integriert ist, gibt es uns Zugang zu unserer Menschlichkeit und unserer kreativen Kraft. Obwohl der Verstand viele Fakten wiederkäuen kann, kann das wahre Selbst sich in andere Menschen hineinversetzen und uns helfen, eine Verbindung zu ihnen aufzubauen. Fakten können uns nur bis zu einem gewissen Punkt bringen. Es ist die intuitive Kraft des wahren Selbst, die uns als Menschen effektiv macht und uns ermöglicht, unser Potenzial auszuschöpfen. Dein wahres Selbst ist numinös. Es ständig in dir zu spüren, ist, als hättest du einen guten Freund an deiner Seite, wenn du dich den Herausforderungen des Lebens stellst. Es ist das Leben selbst, das durch uns wirkt. Es ist anpassungsfähig und evolutionär.

Dieses wahre Selbst kann verleugnet werden. Menschen haben ein natürliches Bedürfnis, gesehen, verstanden, respektiert und geliebt zu werden. Wenn diese vier Bedürfnisse erfüllt sind, gedeiht das wahre Selbst. Der Mensch fühlt sich dann integriert, ganz und hat ein Ziel vor Augen. Wenn jemand wiederholt und ohne Wiedergutmachung mit Scham konfrontiert wird, stagniert er, zersplittert und sein Selbstwertgefühl sinkt. Die Stärke deiner Beziehung zu deinem wahren Selbst steht in direktem Zusammenhang mit deinem Selbstwertgefühl.

Damit das wahre Selbst gedeihen kann, brauchen wir Resonanz von der Welt. Wir brauchen Menschen um uns herum, die unseren aktuellen Zustand verstehen, akzeptieren und unterstützen. Resonanz bedeutet, dass wir unsere Emotionen ausdrücken dürfen, egal, ob sie positiv oder negativ sind. Wenn wir unsere Traurigkeit über etwas ausdrücken, kann die andere Person unsere Gefühle mit einem abwertenden „Kopf hoch, alles wird gut" abtun. Wenn die andere Person unsere Traurigkeit hingegen nachempfinden kann, entsteht Resonanz, das heißt, zwei Menschen teilen einen emotionalen Zustand oder eine „Stimmung", unabhängig davon, um welche es sich handelt. Es sind zwei Menschen, die durch ihre Gefühle miteinander verbunden sind.

Je mehr Resonanz wir erhalten, desto stärker wird unsere Lebenskraft, und desto mehr Schwung bekommt unser wahres Selbst. Kannst du dich an Zeiten erinnern, in denen du dich unterstützt und geliebt gefühlt hast, und dich dadurch unglaublich energiegeladen und voller Lebensfreude gefühlt hast? Das kommt nicht nur aus romantischen Beziehungen, sondern von allen Menschen in unserem Leben, die uns wirklich verstehen. Liebe und Unterstützung sind lebensbejahend. Sie halten unsere Welt am Laufen. Wenn wir hingegen beschämt werden und unser innerstes Selbst abgelehnt oder angegriffen wird, kommt dieser Prozess zum Stillstand. Die Schönheit des wahren Selbst wird mit Zweifeln übergossen und einer strengen, kritischen Selbstbeobachtung unterzogen.

Wenn es übermäßig beschämt wird, wird das wahre Selbst analysiert, hinterfragt, beurteilt und schließlich abgelehnt.

Über das Ego

Das Ego hat seinen Sitz im Verstand. Es ist unser Vertreter in der Welt; eine Sammlung von Gedanken, Überzeugungen und Ideen darüber, wie die Welt ist und wie wir mit ihr umgehen sollten. Es enthält auch die Vorstellung davon, wer wir in der Welt sind. Das heißt, es steuert, wie wir mit anderen Menschen umgehen und welche Teile unserer Persönlichkeit wir ihnen zeigen (oder vor ihnen verbergen). Intuition, Energie und Liebe sind es, die uns wirklich menschlich machen. Trotzdem müssen wir wissen, wie wir unsere Rechnungen bezahlen, Karten lesen, soziale Normen befolgen, kommunizieren und natürlich erkennen, wenn wir manipuliert werden.

Über das falsche Selbst

Das falsche Selbst ist eine Konstruktion des Egos. Es ist ein Repertoire an Verhaltensweisen, die eine Persönlichkeit ausmachen. Was es „falsch" macht, ist, dass es nicht auf dem wahren Selbst basiert. Es orientiert sich nicht an den Emotionen einer Person. Erinnere dich daran, dass das wahre Selbst Sicherheit, Liebe, Respekt und Verständnis braucht, um sich zu entfalten. Für die Zielperson kann es extrem schmerzhaft sein, das wahre Selbst zu erleben, wenn keine echte emotionale Verbindung besteht oder, schlimmer noch, wenn sie missbraucht wird. Für den Narzissten bedeutet das Erleben des wahren Selbst, seine Scham zu erleben. Die Lösung für beide Situationen besteht darin, ein falsches Selbst zu schaffen, das

das wahre Selbst übernimmt und an seiner Stelle handelt, indem es die Realität manipuliert, um sie erträglicher zu machen.

Das falsche Selbst erfüllt zwei Zwecke:

- Es hindert eine Person daran, ihr wahres Selbst direkt zu erfahren und somit von der Außenwelt beeinflusst zu werden, was wiederum das Ausmaß der empfundenen Scham und des Schmerzes verringert.
- Es ermöglicht einer Person, ihre Umgebung zu manipulieren, in der Hoffnung, ihre Bedürfnisse zu befriedigen.

Sowohl Narzissten als auch ihre Zielpersonen haben ein falsches Selbst. Das falsche Selbst ist eine Voraussetzung dafür, dass die Zielperson tatsächlich mit einem Narzissten interagieren kann. Beim Narzissten dient das falsche Selbst dazu, andere zu dominieren, um damit Kontrolle zu erlangen und narzisstische Versorgung zu erhalten. Im Fall der Zielperson wird das falsche Selbst dazu benutzt, um nicht verlassen zu werden.

Im Laufe seines Lebens entwickelt der Narzisst eine Reihe von Verhaltensweisen, die sich zu einem falschen Selbst zusammenfügen. Dadurch entsteht eine Nebelwand, die andere davon abhält, sein wahres Selbst zu sehen. Das falsche Selbst des Narzissten ist für Außenstehende oft sehr überzeugend. Es dauert eine Weile, bis man merkt, dass man es nicht mit einer echten Person zu tun hat. Der Narzisst ist äußerst geschickt darin, andere davon abzulenken, ihn zu durchschauen.

Einige grundlegende Beispiele für ein falsches Selbst, das Narzissten erschaffen, sind:

- **Der Geschichtenerzähler:** Erzählt eine Geschichte nach der anderen und stellt sich dabei als die Person in Machtpositionen dar. Dabei erzählt er auch Opfergeschichten, erklärt dann aber, wie er die Situation gemeistert und die Oberhand gewonnen hat.
- **Das Opfer:** Dem läuft einfach alles schief. Es erzählt anderen von seinem Unglück und lehnt dann jeden Vorschlag ab, die Situation zu verbessern. Seine einzige Absicht ist es, andere so lange wie möglich emotional in seine Probleme zu verwickeln.
- **Der starke, schweigsame Typ:** Zeigt keine Emotionen, keine Begeisterung und keine Schwäche. Er hat ein stoisches Auftreten und investiert wenig in seine Beziehungen. Das verleiht ihm in den Augen seiner Zielpersonen einen Hauch von Überlegenheit.
- **Der Clown:** Macht sich über jede Situation lustig, macht witzige Bemerkungen, die andere herabsetzen, spielt Streiche und zieht die Aufmerksamkeit auf sich, indem er lustige Videos im Internet zeigt.
- **Der unaufhörliche Redner:** Nutzt Monologe, um eine andere Person oder sogar eine Gruppe von Menschen zu fesseln, und saugt mit seinen Worten die Energie und die Aufmerksamkeit der Gruppe auf.
- **Die Matriarchin/der Patriarch:** Diese Rolle wird traditionell von Eltern oder Vorgesetzten übernommen. Die

Matriarchin/der Patriarch nutzt ihre/seine Position als Ausrede, um sich schamlos zu verhalten, und zwingt das Kind oder den Mitarbeiter, sie/ihn zu verehren und sich ihr/ihm unterzuordnen.

Alle oben genannten Rollen sind Kontrollinstrumente. Welches Instrument zum Einsatz kommt, hängt vom Narzissten, aber auch von der Macht und dem Selbstwertgefühl seiner Zielperson ab. Beispielsweise wird der Narzisst seine Matriarchin-/Patriarch-Rolle gegenüber seinem Kind, das nur wenig Macht hat, durchsetzen, indem er ihm Befehle erteilt und es lächerlich macht. Gegenüber seiner empathischen Schwester wird er dann die Opferrolle spielen und gegenüber seinem Freund den Geschichtenerzähler oder Clown geben. Wenn ein Freund ein geringes Selbstwertgefühl hat, kann die Matriarchin-/Patriarch-Rolle ebenfalls eingesetzt werden. Der Narzisst probiert so lange, bis er einen Weg findet, seine Zielperson zu kontrollieren.

Für den Narzissten ist es egal, *wie* er seine Zielperson kontrolliert, solange es ihm gelingt. Wenn er seine Zielperson nicht offen manipulieren kann, reicht es ihm, ihre Aufmerksamkeit zu haben. Solange es nach seinen Bedingungen läuft, bekommt der Narzisst seine narzisstische Versorgung.

Die Interaktion mit dem falschen Selbst eines Narzissten ist wie das Anschauen einer Bühnenshow oder das Lesen eines Romans. Die Darbietung ist aufwendig und fesselnd. Sie soll einen in die Welt des Narzissten hineinziehen und unter seinem Einfluss halten. Der Narzisst bricht niemals aus seiner Rolle aus. Das falsche Selbst des Narzissten ist sowohl fesselnd als auch absolut. Sobald du einmal darin gefangen bist, bleibst du dort. Es gibt kein Zurück mehr. Es ist alles Verstand und kein Herz. Es fühlt sich irgendwie leer an und hinterlässt ein Gefühl der Verzweiflung. Es wird zwar viel gesagt und getan, aber tief im Inneren wird keine echte Verbindung hergestellt und es findet kein Wachstum statt. Es ist, als würde man einen Fernsehmarathon schauen oder in einer Waschmaschine gefangen sein, die nie aufhört, sich zu drehen.

An der falschen Stelle suchen

Bis zu einem gewissen Grad haben wir alle ein falsches Selbst. Es ist ein praktisches Werkzeug, um mit der Welt zu verhandeln. Irgendwann legen wir es ab wie einen Anzug und kehren zu einem authentischeren Dialog mit unseren Lieben zurück.

Narzissten hingegen tragen ihr falsches Selbst rund um die Uhr und setzen es bei jedem ein, egal wie nah ihnen die Person steht. Ihre Absicht ist es, zu kontrollieren, nicht echte Verbindung und inneres Wachstum zu erleben. Verletzlichkeit ist für sie tabu. Das führt dazu, dass sie keine Resonanz bieten können, da sie keinen Kontakt zu ihren Gefühlen haben. Außerdem haben Narzissten eine ganz bestimmte Realität, die sie durchsetzen müssen: Ihre Zielperson muss fixiert bleiben und sie wie einen Star umkreisen.

In einer Beziehung mit einem Narzissten wird die Zielperson eindeutig nicht so akzeptiert, wie sie ist – egal, wie sehr sie das braucht. Stattdessen wird sie in eine bestimmte Rolle gedrängt, die dazu beiträgt, die Grandiosität des Narzissten zu stärken. Um Akzeptanz zu erlangen, arbeitet die Zielperson daran, ein falsches Selbst zu entwickeln, das mit dem des Narzissten kompatibel ist. Dieses falsche Selbst besteht aus Verhaltensweisen, die die Zielperson annimmt, um nicht verlassen zu werden, da das Zeigen ihres wahren Selbst eindeutig zur Ablehnung führt.

Die häufigste Rolle ist die Persona der netten Person. In dieser Rolle verhält sich die Zielperson extrem brav und kooperativ. Diese Art von Persona wird aus offensichtlichen Gründen vom Narzissten oft belohnt und verstärkt. Selbst wenn die Zielperson wütend oder frustriert ist oder sich verletzt fühlt, muss sie weiterhin nett bleiben, weil sie die strenge Ordnung des Narzissten nicht gefährden darf. Genau das macht ein solches Selbst falsch. Es stimmt nicht mit dem überein, was die Zielperson wirklich fühlt und was sie im aktuellen Moment wirklich braucht. Anstatt ihr wahres Selbst zu erkennen und sich damit zu verbinden, identifiziert sie sich mit einem Konstrukt in ihrem Kopf, das vom Narzissten konditioniert wurde. Durch diese Konditionierung *wird* sie zu einem strengen Regelwerk aus Verhaltensweisen und Überzeugungen.

Die Zielperson wird dazu gezwungen, den Narzissten wie folgt zu spiegeln:

- **Der Geschichtenerzähler:** Die Zielperson wird zu einem guten Zuhörer und kann nur dann etwas zur Beziehung beitragen, wenn sie eigene Geschichten erzählt. Am Verzweifeltsten ist, dass jede Geschichte, die die Zielperson erzählt, vom Narzissten übertroffen wird. Es wird zu einem Wettbewerb, den der Narzisst immer gewinnen muss.

- **Das Opfer:** Die Zielperson passt sich an, indem sie ihre Emotionen in die endlosen Probleme des Narzissten investiert. Wenn die Zielperson versucht, ihr eigenes Unglück auszudrücken, schaltet der Narzisst ab.
- **Der starke, schweigsame Typ:** Die Zielperson investiert ihre Emotionen und Verletzlichkeit in die Beziehung und verlässt sich darauf, dass der Narzisst berechenbar und eine starke Person ist. Die Zielperson fühlt sich durch die Starrheit des Narzissten sowohl beruhigt als auch frustriert.
- **Der Clown:** Die Zielperson wird zum willigen Publikum des Narzissten, lacht über seine Witze oder wird sogar selbst zum Gegenstand seiner Witze.
- **Der unaufhörliche Redner:** Die Zielperson hört mit einem Gefühl der Verzweiflung zu und kann sich nicht befreien. Das Ungleichgewicht fordert mit der Zeit seinen Tribut, und es entsteht Scham.
- **Die Matriarchin/der Patriarch:** Die Zielperson wird infantilisiert. Alle Entscheidungen werden vom Narzissten getroffen, und die Zielperson hat kein Mitspracherecht. Die Zielperson wird nur anerkannt, wenn sie sich so verhält, wie es der Narzisst erwartet.

In einer solchen Beziehung wird die Zielperson dazu verleitet zu glauben, dass sie es geschafft hat, die Liebe des Narzissten zu sichern. In Wahrheit ist der Narzisst jedoch nur in sein eigenes falsches Selbst verliebt. Liebe ist unmöglich, da die Zielperson effektiv nur ein falsches Selbst hat, das mit dem falschen Selbst des Narzissten „in Beziehung steht", der sich nur um sein eigenes Selbstbild kümmert. Die emotionale Distanz ist offensichtlich.

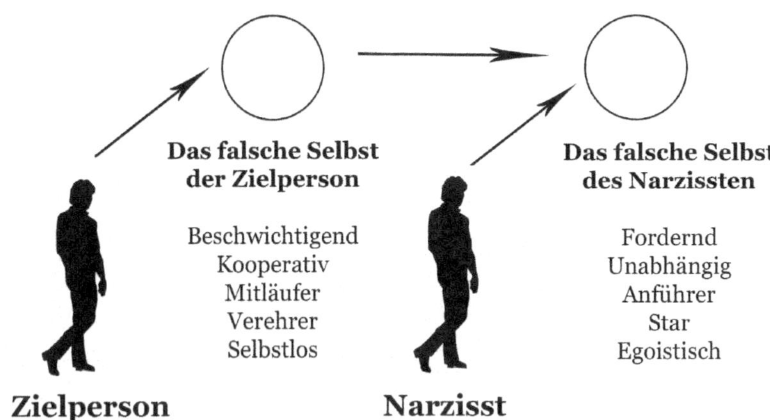

Abbildung 4: Das Zusammenspiel zwischen einem Narzissten und einer Zielperson. *Der Narzisst identifiziert sich mit seinem falschen Selbst. Die Zielperson wiederum identifiziert sich mit ihrem eigenen falschen Selbst, das das falsche Selbst des Narzissten verehrt. Eine echte Verbindung ist unmöglich.*

Diese Konstellation verhindert, dass die Zielperson vom Narzissten verlassen wird, erfüllt aber nicht ihre Bedürfnisse. Es muss noch etwas unternommen werden. Das wahre Selbst lässt sich nicht verleugnen. Es sehnt sich nach Verbindung und einem Ventil für seine Grandeur. Das Ergebnis ist *Dissoziation.*

Auf Wiedersehen, Welt

Ein falsches Selbst zu haben, das ein anderes falsches Selbst verehrt, ist eine einsame Erfahrung. Das wahre Selbst der Zielperson fühlt sich vernachlässigt und schämt sich deshalb. Die Zielperson versucht, die Anerkennung des Narzissten zu erlangen, stößt jedoch auf emotionale Distanz, Beschämung, ablenkendes Verhalten und, wenn der Narzisst es für nötig hält, auf Wut.

Der Narzisst verabscheut die Bedürfnisse der Zielperson. Daher findet das Gefühl der Grandeur der Zielperson keinen Ausdruck. Die Zielperson muss den Schmerz der Einsamkeit, der Scham und der Vernachlässigung unbedingt loswerden. Wenn sie niemanden in ihrem Leben hat, der ihr Resonanz gibt, greift sie zur Dissoziation, und sieht die Welt und sich selbst stattdessen durch ihre Fantasie. Auf diese Weise findet sie ein Ventil für ihr wahres Selbst und Kontrolle über ihr Selbstbild.

Genau wie das falsche Selbst des Narzissten ist dieses imaginäre Selbst im Vergleich zum realen, von Scham geprägten wahren Selbst allmächtig. Nach dieser Definition ist die Zielperson ebenfalls narzisstisch, da sie ihre Menschlichkeit ablehnt und sich mit einem makellosen Selbst identifiziert. Der entscheidende Unterschied liegt jedoch darin, wie sie damit umgeht. Der Narzisst drückt seine Grandiosität aus, indem er sich mit der Welt auseinandersetzt – allerdings, indem er andere unterwirft, objektiviert und kontrolliert. Die Zielperson eines Narzissten hingegen zieht sich aus der Welt zurück und lebt in einer Fantasiewelt, d. h., ihr grandioses Selbst existiert nur in ihrer Vorstellung.

Das Leben in Dissoziation ist ein Bewältigungsmechanismus, der eine neue Realität schafft – fern vom wahren Selbst, fern von der realen Welt und fern von der schmerzhaften Erfahrung toxischer Scham. Wenn ein Narzisst gezwungen ist, sich seiner Scham zu stellen, ist seine Taktik, zu lügen, abzulenken, zu manipulieren und, wenn nötig, mit Wut zu reagieren. Im Falle der Zielperson driftet sie einfach in ihre sichere Fantasiewelt ab. Mit Fantasie kann die Zielperson sein, wer sie sein möchte. Sie ist niemals weniger wert als andere, wird niemals herabgesetzt und muss die Reibungen der realen Welt nicht spüren.

Wenn sie dissoziiert, verliert die Zielperson den Kontakt zu ihrem denkenden Verstand und ihrem wahren Selbst; sie begibt sich an einen ganz anderen Ort. In ihrer Vorstellung kann sie sich Macht und Liebe zurückholen. Sie kann den Streit mit dem Narzissten gewinnen. Sie kann Resonanz heraufbeschwören, indem sie sich Interaktionen vorstellt, in denen Menschen sie hören und verstehen, und dadurch ein Gefühl von Liebe verspürt. Die Vorstellungskraft wird so zu einem Mittel, um die sehr realen Bedürfnisse des wahren Selbst zu befriedigen.

Ein integriertes Ego

In einer idealen Welt wird ein Mensch in den frühen Lebensphasen durch die erschütternden Erfahrungen des Menschseins begleitet. Wenn er beginnt, seine Emotionen zu spüren und ein Gefühl für sein wahres Selbst zu entwickeln, stößt er auf innere Grenzen und äußere Hindernisse, für deren Überwindung ihm Strategien vermittelt werden. Scham wird als leichter Druck empfunden, der den Menschen jedoch nicht überwältigt, sodass er nicht den Mut verliert. Emotionen überwältigen in der Regel nicht, sondern der Mensch lernt, sie Schritt für Schritt zu bewältigen, sobald sie auftauchen. Der Mensch spürt weiterhin seine innere Stärke und Grandeur. Seine Gefühlsäußerungen, ob positiv oder negativ, werden von seinen Angehörigen größtenteils akzeptiert. Es gibt keine Rolle, die gespielt werden muss.

Darüber hinaus passen sich die wichtigsten Bezugspersonen im Leben des Menschen an und manipulieren gelegentlich die Realität, nicht um ihn minderwertig zu machen, sondern um ihm das Gefühl zu geben, etwas Wertvolles und Gleichwertiges zu sein. Wenn dieses Gleichgewicht erreicht ist, fühlt sich die Person gleichzeitig besonders und menschlich. Auf dem Scham-/Grandiositäts-Kontinuum befindet sie sich irgendwo in der Mitte. Ihr Lebensweg gleicht einem flachen Feld, auf dem Hindernisse bewältigt werden können und Unterstützung zur Verfügung steht.

Das Ergebnis einer solchen Erziehung ist ein gut trainiertes Ego. Die Person ist sich all ihrer Emotionen bewusst. Sie kann sie erkennen, ihnen standhalten und dann die richtigen Entscheidungen treffen. Sie hat ein hohes Selbstwertgefühl und ist sozial selbstbewusst statt ängstlich. Das wahre Selbst ist integriert. Der Verstand wird sich sozialer Normen und Verhaltensweisen bewusst und kann bei Entscheidungen sowohl die emotionale Welt des wahren Selbst als auch die emotionale

Welt anderer berücksichtigen. Wenn Emotionen überwältigend werden, hat die Person Ressourcen zur Selbstfürsorge und fühlt sich würdig genug, um Hilfe zu bitten. Sie kennt sich selbst gut genug, um zu wissen, welche Art von Hilfe sie braucht. Sie wird darin versiert, zwischen ihrem wahren Selbst und der Welt zu vermitteln. Ein *gesundes* Ego entsteht.

Das Wort „Ego" wird gemeinhin mit Narzissmus assoziiert, in dem Sinne, dass jemand, der ein Ego hat, eingebildet und selbstverliebt ist. Tatsächlich lautet die Definition von Ego in der Psychologie *„der Teil des Geistes, der zwischen dem Bewussten und dem Unbewussten vermittelt, und für die Realitätsprüfung und das Selbstbewusstsein verantwortlich ist"*.

Ein gesundes Ego ist ein Vermittler, der logische Entscheidungen trifft, basierend auf dem, was es in der Welt sieht, und auf den Impulsen des wahren Selbst. Es ist die Augen unseres wahren Selbst. Es ist auch eine Konstruktion des Verstandes – es ist nicht real. Der Zen-Buddhismus beschreibt das Ego als ein Hindernis auf dem Weg zur Erkenntnis des wahren Selbst. Das kann wahr sein, da ein falsches Selbst eine Person von ihren Kernerfahrungen abschneiden kann. Aber das Ego ist auch notwendig, um sich in der Welt zurechtzufinden. Es ist der Torwächter, der entscheidet, was gut und was schlecht für das wahre Selbst ist.

Die Folgen der Dissoziation

Für die Zielpersonen von Narzissmus ist das Leben ein tückischer, nie endender Aufstieg, und Unterstützung gibt es nicht. Wenn sie sich auf die Welt einlassen, stürzen sie immer wieder ab und verbrennen sich. Ihre Emotionen sind überwältigend, und sie fühlen sich ständig angegriffen. Sie haben keinen sicheren Raum, um ein gesundes Ego zu entwickeln. Sie suchen verzweifelt nach einem Ausweg, bis sie diesen magischen Ort in ihrem Kopf entdecken, über den Wolken, wo es keine Turbulenzen gibt, und wo sie sich nicht mit den Schmerzen und Reibungen des Alltags auseinandersetzen müssen.

Dieser dissoziierte Zustand hat jedoch viele schlimme Folgen:

- **Lernschwierigkeiten:** Wir lernen über die Welt, wenn wir uns sicher fühlen. Unsere Emotionen sind unter Kontrolle, und wir können uns gut genug konzentrieren, um die Konzepte aufzunehmen, die wir für unser tägliches Leben benötigen. In einem dissoziierten Zustand werden Fakten jedoch übersehen. Wichtige Konzepte werden übergangen und werden zu Abstraktionen. Die Details bleiben unausgefüllt. Jemand, der die Welt aus einem dissoziierten Zustand betrachtet, wird beispielsweise von der Straße voller Bäume erzählen, die er besucht hat. Ein gut trainiertes Ego weiß hingegen den Namen der Straße, kennt ihre Lage, weiß, dass sie bei Touristen beliebt ist, erinnert sich an einige der Geschäfte und kann sich lebhaft daran erinnern, wie es sich angefühlt hat, dort zu sein. Mit einem gesunden Ego werden Wissen und Erfahrung integriert.
- **Unfähigkeit, mit Gefühlen umzugehen:** Wenn die Zielperson gezwungen ist, sich mit der Welt auseinanderzusetzen, ist sie auch gezwungen, sich mit ihren Emotionen auseinanderzusetzen. Ein Leben in einer Fantasiewelt bedeutet, dass die Zielperson wenig Übung darin hat, ihre

Gefühle zu verstehen und zu verarbeiten. Um das Leben zu meistern, braucht man ein starkes, gut trainiertes Ego, das Grenzen setzt, damit sich Emotionen entfalten können, ohne außer Kontrolle zu geraten. Ein gut trainiertes Ego weiß zum Beispiel, dass ein bestimmter Freund zwar Spaß macht, aber auch emotional anstrengend ist, und trifft die Entscheidung, entweder die Zeit mit ihm zu begrenzen oder die Gesprächsthemen einzuschränken, um Energie zu sparen. Ein gut trainiertes Ego unterstützt einen Freund in der Not und weiß, wann es Zeit ist, sich zurückzuziehen, um neue Energie zu tanken. In einem dissoziierten Zustand ist sich eine Person kaum bewusst, warum sie erschöpft ist.

— **Aufgeschobene Kontrolle:** Um Kontrolle über sein Leben zu haben, muss man sich aktiv daran beteiligen. Zielpersonen sind jedoch nicht aktiv und überlassen viele Entscheidungen anderen – Menschen, die engagierter sind und es vermeintlich besser wissen. Sie geben die Kontrolle an einen Narzissten ab.

— **Anfälligkeit für Manipulation:** Da die Zielperson kein gut informiertes Ego hat, das vermitteln und Grenzen setzen kann, hat der Narzisst leichten Zugang, um sie zu manipulieren.

— **Schlechtes Gedächtnis:** Eine Person, die dissoziiert, hat Gedächtnislücken. Es ist nicht ungewöhnlich, dass Kinder von Narzissten die Details ihrer Kindheit vergessen. Sie können generell vergesslich sein.

— **Erhöhte Angstzustände:** Der Versuch, eine makellose innere Welt aufrechtzuerhalten, ist schwierig, weil die Zielperson mit der unvollkommenen Umgebung um sie herum interagieren *muss*. Soziale Ängste sind weit verbreitet, da man sich, wenn man sich anderen aussetzt, seinem wahren Selbst stellen und sich engagieren muss. Dies zerstört die Illusion und bringt das wahre Selbst schreiend in die reale Welt, wie ein Baby, das aus dem Mutterleib gerissen wurde. Die Zielperson ist es nicht gewohnt, ihr wahres Selbst der Welt zu zeigen. Dafür hat der Narzisst gesorgt.

— **Entfremdung vom Selbst:** Wenn jemand dissoziiert ist, ist niemand da, der sich um die Dinge kümmert. Emotionale Bedürfnisse werden ignoriert, Ängste grassieren und die Selbstentfaltung sowie das Wachstum werden gehemmt, da die Person keinen Kontakt zu ihrem wahren Selbst und dessen Wünschen und Bedürfnissen hat. Das ist eine sehr einsame Erfahrung.

— **Schwache Beziehungen:** Aus offensichtlichen Gründen ist es schwierig, mit jemandem befreundet zu sein oder eine Beziehung zu jemandem zu haben, der dissoziiert ist. Eine Beziehung braucht Engagement, Intimität, Integrität und Stärke. Um dissoziiert zu bleiben, braucht es ein starres Umfeld, in dem nichts zu herausfordernd ist. Das Leben ist von Natur aus herausfordernd, und das überträgt sich auch auf Beziehungen. Andere müssen spüren, dass eine Person Rückgrat hat. Wenn jemand dissoziiert ist, basieren langfristige Beziehungen in der Regel eher auf starren Rollen und Verhaltensweisen als auf echten Emotionen und Flexibilität.

Solange sie dissoziiert ist, lebt die Zielperson in ständiger Angst. Dies wird so lange andauern, bis sie sich dieser Tatsache bewusst wird und dann ein sicheres, förderndes Umfeld schafft, das es ihr ermöglicht, aus ihrem Versteck herauszukommen. Der Prozess, die Fantasiewelt aufzugeben und wieder in die reale Welt zurückzukehren, ist erschütternd und schwierig, aber dennoch eine Reise, die die Zielperson unternehmen muss, um sich ein Leben außerhalb des narzisstischen Regimes aufzubauen.

Die Lösung für Dissoziation besteht darin, eine sichere Umgebung zu finden und Resonanz von anderen zu bekommen. Dazu gehört, das falsche Selbst aufzulösen und gleichzeitig das wahre Selbst in das Ego zu integrieren. Dieser Prozess wird später näher betrachtet, wenn die sieben Praktiken vorgestellt werden.

Das Spiel

Wir können menschliche Interaktion wie einen Sport betrachten, den wir alle ausüben. Jeder von uns setzt eine Maske auf, und je nach Situation zeigen wir bestimmte Verhaltensweisen, die eine Struktur für den Umgang mit anderen Menschen bilden. Genauso wie im Sport gibt es auch hierfür Regeln und Erwartungen – etwa wie wir formelle E-Mails schreiben, wie wir uns begrüßen und welche Themen wir lieber nicht ansprechen.

Die Position einer Person beeinflusst, wie wir mit ihr umgehen. Wie wir zum Beispiel mit unserem Arzt umgehen, ist einzigartig. Wir reden vorsichtig mit ihm, schauen zu ihm auf und erwarten Antworten, so als wäre er ein Orakel. Das Schild an der Tür bestimmt die Regeln. Im Gegenzug wird vom Arzt erwartet, dass er sich professionell verhält und eine Dienstleistung erbringt. In diesen Fällen ist der Rahmen, der unsere Interaktion bestimmt, vorgegeben. Der Arbeitsplatz, die Arztpraxis, die Polizeiuniform und so weiter. Natürlich kann jeder seine Position missbrauchen, aber es gibt zumindest ein Regelwerk, innerhalb dessen man sich verhalten soll.

In persönlichen Beziehungen gibt es keinen formalen Rahmen. Wir sind durch unsere eigene Entscheidung miteinander verbunden, und die Grenzen sind nicht explizit von außen festgelegt. Das Spiel wird von etwas viel Tieferem und Persönlicherem bestimmt: *unseren Emotionen*. Und dadurch werden wir viel verletzlicher. Die Beziehung ist das Spielfeld, und unsere Emotionen sind die Spielregeln. Wut signalisiert eine überschrittene Grenze. Wenn wir das Gefühl haben, dass jemand unsere Beziehung gefährdet, kann Eifersucht uns dazu bringen, mit unserem Partner zu reden. Wenn wir jemandem Unrecht tun und ihn verletzen, fordert uns das Schuldgefühl auf, das wieder gutzumachen.

Wenn wir unsere Gefühle einbringen, spielen wir das Spiel der menschlichen Beziehungen. Je mehr wir emotional in eine Person investieren, desto eher hören wir ihr zu und desto eher hört sie uns zu. Wir schenken einander unsere Zeit und lassen uns auf verschiedene Weise von der anderen Person beeinflussen. Durch unsere Gefühle füreinander hört eine Person auf, ein Objekt zu sein, und wird zu einem Menschen, den wir lieben und um dessen Wohlergehen wir uns sorgen. Die Beziehung existiert in unseren Herzen und Köpfen. Wir lassen einen anderen Menschen in unsere intimsten Bereiche ein. Wir gewähren ihm Zugang zu unserem wahren Selbst, dem Ort jenseits des Verstandes und hinter unserer sozialen Maske. Mit der Entwicklung der Beziehung werden wir immer mehr an den anderen gebunden. Diese Bindung ist unglaublich stark, und Emotionen sind das, was sie zusammenhält.

Indem wir unser wahres Selbst einer Person öffnen, öffnen wir uns auch emotionalen Einflüssen – und natürlich Manipulationen. Die eine grundlegende, unausgesprochene Regel des Spiels ist die *Goldene Regel*, die besagt, dass man andere so behandeln soll, wie man selbst behandelt werden möchte. Das heißt, als Mitglieder einer Gesellschaft sind wir alle von unseren Emotionen beeinflusst und müssen daher die Grenzen anderer respektieren und darauf achten, nicht gegen ihre Gefühle zu verstoßen.

Narzissten sind sich der Goldenen Regel und der Tatsache, dass die meisten Menschen sich daran halten, sehr wohl bewusst. Sie agieren unter ihrem Schutz, zögern jedoch nicht, sie zu brechen. Sie wissen auch, wie Emotionen funktionieren. Sie wissen, dass wir uns öffnen, wenn wir jemanden mögen. Sie wissen, dass du von Scham überwältigt wirst, wenn sie dich klein oder minderwertig fühlen lassen. Sie wissen, dass du dich schuldig fühlst, wenn sie sich als Opfer darstellen, und dass du dich dann bemühen wirst, die Situation zu korrigieren. Sie wissen, dass du sie mögen wirst, wenn sie dich richtig spiegeln, und dass du Mitgefühl für sie empfindest, wenn sie dir eine herzliche Geschichte erzählen, wodurch sie sich dir gegenüber liebenswert machen. Sie wissen, dass du dich an sie binden wirst, wenn sie dich ausreichend bezaubern und ihre Karten richtig ausspielen. Narzissten wissen auch, wie du reagieren wirst, wenn sie diese Bindung bedrohen. Sie sind sich bewusst, wie überwältigend Emotionen sein können und wie groß die Rolle ist, die Emotionen in diesem Spiel spielen. Sie wissen auch, dass es egal ist, ob die Situationen erfunden sind oder nicht – die emotionale Reaktion bleibt dieselbe.

Die Sache ist die, dass Narzissten nicht so reagieren wie wir. Sie empfinden keine Scham oder Schuld, und ihre Emotionen beeinflussen sie nicht so wie andere Menschen. Dadurch können sie die emotionalen Kreisläufe der Zielperson ohne Reue bombardieren, sie von der Wahrheit ablenken, ihr Selbstwertgefühl untergraben und sie dazu bringen, sich selbst in Frage zu stellen. Narzissten sind versiert im Spiel der menschlichen Beziehungen und geschickt darin, Einfluss auszuüben. Ohne ein Gewissen, das sie in Schach hält, werden sie zu skrupellosen Manipulatoren.

Darüber hinaus sind sie mehr als bereit, Manipulation mit sozialen Strukturen zu kombinieren, um eine doppelte Wirkung zu erzielen. Sie sind sich der Macht bewusst, die sie erlangen, wenn sie in die Politik gehen. Sie blühen als Manager im Büro auf, wo sie anderen sagen können, was sie tun sollen. Es ist daher keine Überraschung, dass Narzissten typischerweise Machtpositionen anstreben. Doch selbst wenn sie kein soziales Umfeld haben, das sie unterstützt, wissen sie, dass sie das Grandiositätsgesetz zu ihrem Vorteil nutzen können, wenn sie die *Illusion* eines höheren Status schaffen. Sie suchen ständig nach Möglichkeiten, eine Hierarchie zu schaffen und durchzusetzen, in der sie an der Spitze stehen, wobei sie Scham als ihre Hauptwaffe einsetzen. Sie betrachten die Emotionen anderer als Werkzeug, und das Spiel der menschlichen Beziehungen als Sport dem man sich hingeben und den man gewinnen muss – ohne Rücksicht auf die Goldene Regel. Sie starren ihre Zielperson mit weit aufgerissenen Augen und erweiterten Pupillen an, im sicheren Bewusstsein, dass das Spiel begonnen hat und sie gewinnen werden.

Das Spiel geht los: Gedankenkontrolle für Anfänger

Wenn du deinen Verstand nicht kontrollierst, wird es jemand anderes tun.

— John Allston

Narzissten wollen die Zielperson unter ihrer Kontrolle haben. Doch erst müssen sie die Zielperson in ihren Einflussbereich ziehen. Das erreichen sie auf viele verschiedene Arten, wobei die beiden häufigsten *sanktionierte Überlegenheit* und *Charme* sind.

Sanktionierte Überlegenheit

Wenn der Narzisst ein Elternteil oder eine Führungskraft ist, wird seine Aufgabe viel einfacher. In einer natürlichen Machtposition wird der Narzisst von der Zielperson sowohl als überlegen wie auch als Quelle von Struktur und Führung angesehen. Die sanktionierte Kontrolle über einen anderen Menschen ist für den Narzissten äußerst hilfreich, denn es ist der einfachste Weg, sich kostenlos zu versorgen. Viele Eltern handeln unbewusst so, indem sie ihre Kinder in einem Käfig aus Schuldgefühlen und Manipulation gefangen halten, damit die Kinder sich nicht zu weit von ihnen entfernen. Es ist wichtig zu wissen, dass nicht alle Eltern, die sich so verhalten, eine narzisstische Persönlichkeitsstörung haben. Dennoch ist eine solche Tendenz bei einem Elternteil als narzisstisch einzustufen.

Zusätzlich zu ihrer sanktionierten Machtposition behaupten Narzissten ihre Dominanz, indem sie die Menschen um sie herum lächerlich machen, ihnen Scham einflößen und sich schamlos verhalten. Diese Strategie trägt dazu bei, die Aura des Narzissten als jemand mit höherem Status zu verstärken. Indem die Zielperson mit Scham überhäuft wird, wird sie gefügiger. Erinnere dich daran, dass Scham ein ausgleichendes Gefühl ist, das uns dazu bringt, uns so zu verhalten, wie es die Gesellschaft erwartet, um akzeptiert zu werden.

Wenn ein Kind älter wird – und je nachdem, wie viel gesunde Scham seine Eltern zeigen – wird es seine gottgleiche Wahrnehmung der Eltern abschwächen und sie als das sehen, was sie sind: Menschen mit Fehlern. Dieser natürliche Übergang wird jedoch behindert, wenn die Eltern Narzissten sind. Ihre Schamlosigkeit und Grandiosität in Verbindung mit der Beeinflussbarkeit eines Kindes sind eine gefährliche Mischung. Die Gesellschaft verstärkt dies noch, indem sie es tabu macht, die Person zu hinterfragen, die einen in diese Welt gebracht hat. Daher löst es starke Schuldgefühle aus, wenn man seine

Eltern oder Familienmitglieder in einem negativen Licht sieht.

Es kann auch schwierig sein, den eigenen Vorgesetzten als jemanden zu sehen, der sich von einem selbst narzisstisch versorgen lässt, da man erwartet, Anweisungen von jemandem zu erhalten, der in der Arbeitshierarchie über einem steht. Die Arbeitsbeziehung ist jedoch nicht das Maß für Narzissmus. Es ist die Einstellung gegenüber anderen und der Umgang mit ihnen, die den Unterschied ausmacht. Für den Narzissten ist ein Mitarbeiter ein Objekt, das tut, was ihm gesagt wird, und den Narzissten versorgt. Für jemanden mit einem gesunden Schamgefühl ist ein Mitarbeiter eine Person mit Grundrechten, die sich bereit erklärt hat, eine Rolle im Austausch gegen ein Gehalt zu übernehmen.

Ein narzisstischer Chef wird:

- erwarten, dass seine Mitarbeiter Überstunden machen, ohne Rücksicht auf ihren Stresspegel oder ihre allgemeine Zufriedenheit.
- seine Mitarbeiter herabsetzen und ihre Schwächen ausnutzen.
- die Grenzen vertraglicher Verpflichtungen verwischen und seine Mitarbeiter dazu manipulieren, über ihre Pflichten hinauszugehen.
- eine einseitige Kommunikation durchsetzen und nicht zulassen, dass seine Mitarbeiter seine Agenda in Frage stellen.

- verbale und persönliche Angriffe gegen den Mitarbeiter richten.
- bei der Kommunikation mit seinen Mitarbeitern Drama und Verwirrung stiften.

Ein Manager mit gesundem Schamgefühl wird stattdessen:

- ein hohes Arbeitsniveau fördern und dabei die Zufriedenheit und das Wohlbefinden seiner Mitarbeiter respektieren.
- die Beziehung zwischen Manager und Mitarbeiter stärken und dabei die Grundrechte der Mitarbeiter respektieren.
- auf einen Feedback-Kreislauf mit den Mitarbeitern setzen und sich selbst zur Rechenschaft ziehen, um eine gesunde Arbeitsbeziehung sicherzustellen.
- die Rechte der Mitarbeiter auf persönliche Grenzen respektieren.

Zusammenfassend lässt sich sagen, dass eine überlegene Position in Verbindung mit einer schamlosen Haltung eine starke Kombination darstellt, insbesondere gegenüber Menschen, die sich an ein Leben unter einem narzisstischen Regime gewöhnt haben.

Charme

Fehlen Machtstrukturen, greift der Narzisst auf Charme zurück, um die Zielperson in seinen Einflussbereich zu locken.

Mit Charme vermittelt der Narzisst seinen Zielpersonen zwei Botschaften: *„Ich mag dich"* und *„Ich bin genau wie du"*. Wenn du einen normalen Menschen triffst, zeigt er dir normalerweise eine gesunde Skepsis, und es dauert eine Weile, bis er Vertrauen aufbaut. Wenn ihr genug Gemeinsamkeiten habt, wächst ihr langsam über diese Gemeinsamkeiten zusammen. Ihr baut Vertrauen zueinander auf, langsam und stetig. Meistens sind die Gemeinsamkeiten aber nicht stark genug, und das Wenige, was ihr aufgebaut habt, verfliegt schnell.

Mit einem Narzissten läuft die Beziehung dagegen von Anfang an auf Hochtouren. Der Narzisst scheint viele deiner Interessen zu teilen. Er ist sehr engagiert und erledigt schnell kleine Gefälligkeiten, um die du ihn gar nicht erst gebeten hast. Im Vergleich zu ihm wirken die meisten deiner bisherigen Beziehungen langweilig. Je empfänglicher du für Charme bist, desto eher wird der Narzisst ihn einsetzen.

Einige Anzeichen dafür, dass ein Narzisst seinen Charme bei dir einsetzt, sind:

- Er sagt dir schon kurz nach dem Kennenlernen, dass er dich mag.
- Er hält intensiven, unnachgiebigen Augenkontakt.
- Er verhält sich sehr umgänglich und nett, kann aber plötzlich den Fokus wechseln und so tun, als würdest du gar nicht existieren.
- Er teilt viele deiner Interessen, aber nur in Gesprächen. Es gibt keine tatsächlichen Beweise dafür.

– Er schenkt dir seine ungeteilte Aufmerksamkeit und kontaktiert dich ständig (auch bekannt als „Love Bombing").

Du kannst auch anhand deines Bauchgefühls erkennen, ob ein Narzisst seinen Charme einsetzt. Normalerweise fühlt sich das gleichzeitig gut und abstoßend an. Wie ein Roboter, der menschliche Emotionen imitiert, hat es etwas Maschinenhaftes an sich, vor allem, weil es nur vorgetäuscht ist – es ist nicht echt. Eine Person mit gesundem Schamgefühl und guten Absichten fühlt sich bei zu viel Augenkontakt unwohl, interessiert sich ohne triftigen Grund nicht für dich und kann deutlich zeigen, dass sie deine Interessen teilt.

Wenn eine Zielperson gerade zwischen Beziehungen steht oder sich nach Liebe sehnt, wird sie jede Aufmerksamkeit begrüßen. Die Zielperson hat keine Wahl; die Anziehungskraft ist magnetisch und fast unwiderstehlich. Es fühlt sich nicht richtig an, aber ihr Bedürfnis nach Aufmerksamkeit und Akzeptanz übertrifft ihren Bauchinstinkt. Diese frühe Phase einer Beziehung ist für den Narzissten entscheidend. Sobald er eine Beziehung aufgebaut hat und die Zielperson dazu gebracht hat, sich zu investieren, wird es viel einfacher, sie zu manipulieren. Wir sind viel umgänglicher mit Menschen, die wir mögen.

Der Charme bleibt bestehen, bis eines oder beide der folgenden Ereignisse eintreten:

– **Die Zielperson ist vollständig gewonnen:** Sobald die Zielperson komplett in die Beziehung investiert hat, kann der Narzisst seinen Charme abschalten. In dieser Phase ist die Zielperson entwaffnet und hat jegliche Skepsis aufgegeben. Wenn die Kontrolle über die Zielperson nachlässt, kann der Charme wieder eingeschaltet werden.

- **Die Zielperson ist für den Narzissten nicht mehr nützlich:** Dieser Zyklus kann sich fortwährend wiederholen, wobei der Narzisst sich mit seinem Charme in die Gunst der Zielperson einschmeichelt, sich nimmt, was er braucht (eine Bestätigung seines Egos, einen Gefallen, Gesellschaft), und dann den Charme wieder abschaltet. Das kann auch in romantischen Beziehungen passieren, in denen der Narzisst sich entweder distanzierter und geheimnisvoller verhält oder die Beziehung ohne Vorwarnung beendet.

Der wichtigste Hinweis darauf, dass der Narzisst seinen Charme einsetzt, ist, dass er ihn ein- und ausschalten kann. Üppiges und enthusiastisches Lob wird zu Funkstille. Wenn die Zielperson dann anfängt, loszulassen, oder der Narzisst neue Versorgung braucht, kommt der Charme wieder mit voller Kraft zurück. Dieses Karussell kann in einer Beziehung oder mit einem Bekannten passieren. Es hängt davon ab, was der Narzisst in diesem Moment braucht.

Normalerweise gibt es Gründe dafür, dass sich jemand zurückzieht, zum Beispiel Stress oder Überforderung. Das fällt auf, oder die Person bleibt auf einem niedrigeren Niveau engagiert und erklärt ihre Situation. Bei einem Narzissten schaltet der Charme einfach ab, als wäre die Wärme, die die Zielperson zu spüren glaubte, nie vorhanden gewesen. Das geschieht *plötzlich* und *schnell* und ist oft das einzige Warnsignal, das du bemerkst. Der Narzisst lässt eine SMS einfach unbeantwortet oder starrt die Zielperson mit glasigen Augen an, ohne sie zu beachten.

Mit sanktionierter Überlegenheit oder Charme hat der Narzisst die Zielperson in seinen Einflussbereich gezogen. Der nächste Schritt besteht darin, seine Kontrolle zu festigen. Dies erreicht er, indem er die Identität der Zielperson zerstört und neu erschafft sowie ihre Realität umprogrammiert.

Die Kunst, die Realität zu kapern

Wenn jemand einen Leberfleck auf deiner Hand entdeckt und dir dann mit schockiertem und besorgtem Blick sagt, dass du schwer krank bist und sofort ins Krankenhaus musst, würdest du ihm glauben? Wahrscheinlich nicht. Du weißt, dass ein Leberfleck harmlos ist, solange er eine gleichmäßige Farbe und klare Ränder hat. Du vertraust deiner Fähigkeit, die Realität richtig einzuschätzen.

Was wäre, wenn jemand dir sagen würde, dass du etwas im Haar hast? Würdest du ihm glauben? Wahrscheinlich schon, aber mit deinen Händen oder einem Spiegel könntest du die Wahrheit leicht überprüfen.

Was wäre, wenn dir jemand stattdessen etwas sagen würde, das mehrdeutig ist? Was, wenn er sagt, deine Haare sähen heute komisch aus? Oder dass du immer mürrisch aussiehst? Dass dich nicht viele Leute mögen? Vielleicht, dass du dich seltsam kleidest? Oder dass du rücksichtslos bist?

Jemand, der die Goldene Regel respektiert und über einen moralischen Kompass verfügt, wäre sich der Macht der Worte bewusst. Er würde seine Aussagen, Meinungen und Urteile sorgfältig abwägen, bevor er sie äußert. Er würde seine Worte auf ihre Richtigkeit prüfen und ihre Auswirkungen auf andere Menschen bedenken. Ein Narzisst hingegen wird ohne zu zögern Urteile fällen und verletzende Dinge sagen, die auf die Unsicherheiten einer Person abzielen, und so tun, als wären sie das Evangelium.

Oft kommt es nicht darauf an, was du sagst, sondern wie du es sagst. Der Narzisst sagt Dinge mit solcher Überzeugung und Leidenschaft, dass der Zuhörer stark geneigt ist, ihm zu glauben. Der Narzisst verlässt sich auf diese Überzeugung und die Schwächen seiner Zielperson, um seine narzisstische Versorgung sicherzustellen.

Während ein Narzisst sich mit seinem Charme in dein Herz schleicht, sucht er gleichzeitig nach deinen Unsicherheiten. Sobald er diese Schwächen entdeckt hat, kann er sie als Einstieg in deinen Kopf nutzen. Deine tiefsten Unsicherheiten stammen meist aus deiner Kindheit. Wenn sie angesprochen werden, insbesondere von jemandem, der dir nahesteht, reißen sie diese Wunden wieder auf und machen dich noch verletzlicher. Angeblich harmlose Bemerkungen wecken deine Emotionen und öffnen kleine Lücken, durch die der Narzisst in deine empfindlichsten Bereiche vordringen kann.

Subjektive Bemerkungen sind eine mächtige Waffe im Krieg um deinen Verstand. Das Ziel besteht darin, dein Realitätsempfinden zu zerstören und anschließend eine neue Realität zu schaffen, in der du lediglich eine Schachfigur im Spiel des Narzissten bist.

Dieser Prozess wird vom Narzissten in drei Schritten durchgeführt:

1. Der Narzisst zerstört deine Identität

Er könnte dich beispielsweise fragen, warum du die Bücher im Regal so angeordnet hast, oder dir sagen, dass deine Frisur komisch aussieht. Er sagt dir, dass du in letzter Zeit zugenommen hast. Er sagt dir, dass du nicht genug Zeit mit ihm verbringst, und dass sogar seine Ex, die er als egoistisch und inkompetent beschrieben hat, ihm mehr Zeit gewidmet hat als du. Er sagt dir, dass deine Freunde unhöflich und hochnäsig sind. Du bist zu emotional, oder sogar zu emotional distanziert. Du musst dich mehr auf deine Karriere konzentrieren und mehr Geld verdienen. Du bist egozentrisch und kümmerst dich nicht genug um die Gefühle anderer.

Es sind diese subtilen, oft unbegründeten Meinungen und Bemerkungen, die eine Person zermürben und ihr das Gefühl geben, im Vergleich zum Narzissten inkompetent zu sein. Sie sollen dich dazu bringen, dich selbst und deine Realität in Frage zu stellen. Es ist nicht ungewöhnlich, dass man sich nach dem Zusammensein mit einem Narzissten tagelang schamvoll und wertlos fühlt. Du fragst dich: Bin ich dick geworden? Bin ich zu egozentrisch? Es ist nur eine Frage der Zeit, bis diese anhaltenden, subtilen Angriffe ihre Wirkung zeigen.

2. Der Narzisst beginnt, dir eine neue Identität aufzuerlegen

Während der Narzisst dein Selbstwertgefühl und deine Identität zerstört, setzt Scham ein. Je mehr du von Scham überwältigt bist, desto mehr wirst du dich bemühen, dich zu rehabilitieren. Dann ist der günstige Zeitpunkt gekommen, dir eine neue Identität zu geben, die natürlich beinhaltet, dass du so bist, wie der Narzisst dich haben will.

Wenn er dir sagt, dass du zu emotional bist, oder dir einen missbilligenden Blick zuwirft, wenn du deine Gefühle zeigst, bringt er dich dazu, weniger Emotionen zu zeigen. Dadurch beeinträchtigt er deine Fähigkeit, dich in der Beziehung auszudrücken. Wenn er dir sagt, dass du egozentrisch bist, kompensierst du diesen falschen Standard, indem du ihm immer mehr Aufmerksamkeit schenkst. Wenn der Narzisst über deine Kleidung lacht, bringt er dich dazu, weniger von deiner Individualität zu zeigen. Du gerätst immer tiefer in sein Netz, bis du dich schließlich so kleidest, wie er es von dir erwartet. Wenn er deine Freunde und Familie ständig lächerlich macht und angreift, bringt er dich dazu, deine Beziehungen in Frage zu stellen. Du löst dich langsam aber sicher von den Menschen in deinem Leben und investierst mehr in die Beziehung zum Narzissten. Der Narzisst will nicht, dass du ein Netzwerk hast, auf das du dich verlassen kannst – er will, dass du vollständig von ihm abhängig bist, damit er dich unter seiner Kontrolle hat.

3. Der Narzisst nutzt eine Belohnungs-/ Bestrafungsstrategie, um die neue Identität zu festigen

Wenn du dich so verhältst, wie der Narzisst es erwartet, belohnt er dich in der Regel mit Komplimenten, Aufmerksamkeit oder Sex. Wenn deine ursprüngliche Identität zum Vorschein kommt oder du dich nicht wie erwartet verhältst, bestraft er dich. Er greift dich verbal an, greift deine Identität an, bringt seine Abneigung zum Ausdruck, macht dich lächerlich und beschämt dich oder ignoriert dich.

Der Narzisst bringt dich dazu, Dinge zu glauben, die nicht wahr sind. Wenn du eine verzerrte Wahrnehmung der Realität hast, weißt du nicht mehr, wie du dich fühlen oder verhalten sollst. Seine verdrehten Manipulationen werden dann zu deiner Realität. Er hat die Kontrolle über deinen Verstand. Du weißt nur, dass du immer wieder Fehler machst, er jedoch nie. Du kommst also zu dem Schluss, dass der Narzisst viel kompetenter und mächtiger ist als du. Dein Selbstwertgefühl sinkt immer weiter, und deine neue Identität als Untergebener übernimmt die Kontrolle.

Verstehe deine Hindernisse

Wenn du etwas erreichen willst, wirst du auf Hindernisse stoßen. Ich habe sie auch gehabt, jeder hat sie gehabt. Aber Hindernisse müssen dich nicht aufhalten. Wenn du gegen eine Wand rennst, dreh nicht um und gib nicht auf. Überleg dir, wie du sie überwinden, durchbrechen oder umgehen kannst.

– Michael Jordan

Du verstehst Grandiosität und Scham und wie sie dich an den Narzissten binden können. Du hast die zerstörerischen Auswirkungen toxischer Scham kennengelernt. Du weißt, wie der Narzisst sein falsches Selbst nutzt, um gleichzeitig Kontrolle und emotionale Distanz zu erlangen. Du weißt, wie der Narzisst die Regeln menschlicher Interaktion manipuliert und bricht, und hast eine Vorstellung davon, wie Gedankenkontrolle funktioniert. Du bist bereit zum Handeln. Bevor du dich jedoch in den Kampf stürzt, ist es hilfreich, die Hindernisse zu verstehen, denen du dabei begegnen wirst.

Hindernis eins: Verstrickung

In einem verstrickten, unterwürfigen Zustand zu sein, bedeutet, dass deine Selbstwahrnehmung vom Narzissten abhängt. Ohne eine starke, individuelle Identität sind deine Willenskraft und dein Selbstwertgefühl beeinträchtigt. Dadurch wird es schwieriger, in deinem besten Interesse zu handeln.

Obwohl du keine Schuld trägst, wirst du unfreiwillig Teil des Problems sein. Der Kampf wird in dir toben. Wenn deine Selbstwahrnehmung manipuliert wurde und deine innere Stärke beeinträchtigt ist, wird deine Willenskraft geschwächt.

Dein psychologischer Zustand wird sich gegen dich wenden und dir im Weg stehen, wenn du versuchst, dich zu ändern, oder schlimmer noch, du wirst unbewusst immer wieder dieselben Dynamiken wiederholen. Wer so lange so gelebt hat, dem fällt es schwer, sich ein Leben außerhalb des hypnotischen Banns eines Narzissten vorzustellen. Es erfordert Wachsamkeit, bewusste Anstrengung und Mut, um das Blatt zu wenden.

Hindernis zwei: Der psychologische Käfig

Das narzisstische Regime beschränkt die Realität der Zielperson auf eine bestimmte Rolle. Je länger die Zielperson unter diesem Regime lebt, desto mehr verinnerlicht sie es. Der Verstand nimmt seine Umgebung auf und passt sich ihr an. Die Realität, die der Narzisst schafft, wird zur Realität der Zielperson. Diese Realität ist praktisch ein Käfig, der die Zielperson gefangen hält. Durch die Verinnerlichung dieses Käfigs wird er zu einem *psychologischen Käfig*. Die Zielperson lebt ihr

Leben in dem Glauben, dass sie bestimmte Grenzen nicht überschreiten kann. Selbst wenn sie dem narzisstischen Missbrauch entkommt, wird die Zielperson weiterhin in ihrem psychologischen Käfig leben.

Das Verlassen dieses Käfigs löst Angst und Furcht aus. Die Zielperson ist institutionalisiert. Es ist wichtig, sich dieses Konzepts bewusst zu sein, da es unbemerkt wirken kann. Fühlst du dich albern, wenn du neue Dinge ausprobierst? Lässt du dich von der Meinung anderer davon abhalten, für Aufsehen zu sorgen? Empfindest du extreme Angst, wenn du für etwas verantwortlich gemacht wirst? Macht dir das Unbekannte Angst? Das kann der psychologische Käfig in Aktion sein. Der psychologische Käfig ist mächtig, ebenso wie die Angst, die immer dann aufkommt, wenn eine Situation ihn bedroht.

Hindernis drei: Liebeshunger

In unserem Innersten haben wir ein angeborenes, unstillbares Bedürfnis, gesehen, gehört, respektiert und verstanden zu werden. Wenn du von einem Narzissten erzogen wurdest oder viel Zeit mit einem Narzissten verbracht hast, wurde dir dies höchstwahrscheinlich vorenthalten. Selbst nachdem du dich physisch befreit hast, braucht es konsequente, abgestimmte Zuwendung, um diesen Hunger zu stillen und dich wieder ins emotionale Gleichgewicht zu bringen. Du kannst ihn nicht einfach abschalten. Narzissten erkennen diesen Hunger schon von Weitem und werden ihn nutzen, um dich zu manipulieren. Es ist wie eine Anziehungskraft, die gegen deinen Willen wirkt und dein Urteilsvermögen trübt, was dich dazu bringen kann, unbewusst falsche Entscheidungen zu treffen.

Hindernis vier: Geringe Scham-Toleranz

Um gut zu leben, ist es wichtig, dass du Scham ertragen kannst. Von deinem wahren Selbst getrennt zu sein, bedeutet, von Scham abgeschnitten zu sein. Das Problem ist, dass immer dann, wenn eine Zielperson mit ihren Grenzen konfrontiert wird oder einen Fehler macht, intensive Scham aufkommt, die sie dazu zwingt, sich wieder zu dissoziieren und in ihrer Fantasie zu versinken. Anstatt ein fester Druck zu sein, gegen den man sich abstützen kann, um Feedback zu erhalten, wird die Scham zu einem furchterregenden Ungeheuer, das um jeden Preis vermieden werden muss.

Das Problem ist: Wachstum ist nur möglich, wenn man regelmäßig mit seiner Scham in Kontakt ist. Man muss sich auf das Leben einlassen, Fehler machen und bereit sein, den Kurs kontinuierlich anzupassen. Wenn man nicht bereit oder in der Lage ist, seine Scham zu erforschen und aus ihr zu lernen, wird es viel schwieriger, den Narzissmus zu überwinden.

Hindernis fünf: Angst

Das Leben unter einem narzisstischen Regime schränkt deine Unabhängigkeit ein. Während Scham, Gedankenkontrolle und ein geschwächtes Selbstwertgefühl eine große Rolle spielen, ist es meist die Angst vor der Freiheit, die eine Person davon abhält, endgültig auszusteigen. Durch die Schwächung ihrer Willenskraft und die emotionale Einschüchterung in eine unterwürfige Rolle fühlt sich die Zielperson unfähig, ein unabhängiges Leben zu führen. Selbst wenn die aktuelle Situation erniedrigend und missbräuchlich ist, fürchten sie das Unbekannte und glauben, den Anforderungen eines freien, unabhängigen Lebens nicht gewachsen zu sein. Möglicherweise glauben sie nicht an ihre Fähigkeit, ihr eigenes Leben zu führen.

Der Narzisst baut seine Psychospiele sogar auf Angst auf. Er nutzt Angst, um die Zielperson gefügig zu halten. Er zieht an den emotionalen Fäden der Zielperson und schafft die Illusion, den Schlüssel zu ihrer zukünftigen Sicherheit zu besitzen. Wenn du zum Beispiel Unzufriedenheit mit eurer Beziehung zum Ausdruck bringst, setzt dir der Narzisst vielleicht eine 24-stündige Frist, um dich zu „entscheiden" – andernfalls beendet er die Beziehung. Was als Besorgnis begann, wird so zu einem Ultimatum, und du fühlst dich machtlos und gelähmt.

Hindernis sechs: Schuld

Schuld ist dieses unaufhörliche, nagende Gefühl, das dich rund um die Uhr quält. Es ist wie ein Tritt in den Magen, jedes Mal, wenn du etwas tust, etwas sagst oder sogar etwas denkst. Es ist ein Nebenprodukt des Lebens unter einem narzisstischen Regime. Wenn du dich nicht so verhältst, wie der Narzisst es erwartet, wird er dich ständig an die „Opfer" erinnern, die er für dich gebracht hat, von denen du viele nie verlangt hast.

Wenn du es nicht zum Abendessen schaffst, aber fragst, wer kommt, und als Antwort erhältst: „Nun, du kommst nicht, das wissen wir doch", dann stellst du deine Loyalität gegenüber dem Narzissten in Frage. Seine strengen Erwartungen an dich schaffen zahlreiche Konfliktpunkte, an denen Schuldgefühle entstehen können. Du hast das Gefühl, den Narzissten immer zu enttäuschen. Unzählige Beispiele für solche Situationen führen dazu, dass Schuldgefühle zur Standardemotion werden, die viele deiner Entscheidungen begleitet.

Hindernis sieben: Sucht nach Schamlosigkeit

Das Frustrierendste daran, im Schatten des Narzissmus aufzuwachsen, ist, dass du vielleicht nicht an „normale" Menschen gewöhnt bist, die gesunde Scham zeigen und Fehler zugeben. Ein „Co-Narzisst" zu sein, bedeutet, süchtig nach Schamlosigkeit zu sein. Du entwickelst eine bestimmte Selbstwahrnehmung, indem du dem Narzissten dienst. Du verinnerlichst die Konzepte von Grandiosität und Hierarchie so stark, dass du dich daran gewöhnst, im Schatten einer „überlegenen" Person zu leben und die Herausforderungen des Lebens auf sie abzuwälzen. Die Vorstellung von Beziehungen als Verbindung zwischen gleichberechtigten Individuen, die sich gegenseitig Liebe schenken, geht verloren. Du wirst dazu verleitet zu glauben, dass es in Beziehungen stattdessen darum geht, die Oberhand zu gewinnen und andere zu kontrollieren, um ein bisschen Aufmerksamkeit für dein Ego zu bekommen.

Zeit mit „normalen" Menschen zu verbringen, kann dann eine erschütternde Erfahrung sein. „Normale" Menschen äußern ihre Ängste und Sorgen, sie geben ihre Fehler zu und sie stottern, wenn sie sprechen. Und natürlich tun sie das, denn sie zeigen Anzeichen einer Bandbreite gesunder, menschlicher

Emotionen. Narzissten zeigen diese Eigenschaften nicht; sie belasten dich nicht mit ihrer „Menschlichkeit". Diese Sucht nach Schamlosigkeit wird zu einem Hindernis für gesunde Beziehungen, da du möglicherweise genau die Menschen meidest, die dir die Empathie und das Verständnis bieten können, die du brauchst. Um dies zu überwinden, musst du Verantwortung für dich selbst übernehmen. Du musst dich an Beziehungen gewöhnen, in denen Scham und Unterstützung geteilt werden, in denen du dich gegenüber einer anderen Person verletzlich zeigen kannst und in denen du sie auch in ihrer Verletzlichkeit unterstützen kannst.

Bleib auf Kurs

Diese sieben Hindernisse werden immer wieder auftauchen. Deine Aufgabe ist es, dir ihrer bewusst zu sein und auf Kurs zu bleiben. Wenn du sie spürst oder bemerkst, erinnere dich daran, dass es nur Hindernisse sind; konditionierte Muster, die verblassen, je weniger du auf sie reagierst. Sie werden sich unangenehm anfühlen, und weil sie emotional aufgeladen sind, wirst du das Gefühl haben, dass sie unumstößlich sind. Das könnte jedoch nicht weiter von der Wahrheit entfernt sein. Fühle sie, nimm sie wahr und gehe weiter voran.

Den Mythos zerstören

Der größte Feind der Wahrheit ist oft nicht die Lüge, die absichtlich, erfunden und unehrlich ist, sondern der Mythos, der hartnäckig, überzeugend und unrealistisch ist.

– John F. Kennedy

Der Kampf beginnt, wenn du akzeptierst, dass das missbräuchliche Ungleichgewicht, das du mit dem Narzissten erlebt hast, nicht das ist, worum es in Beziehungen geht. Der Narzisst hat dein Selbstwertgefühl beeinträchtigt, indem er die Regeln gebrochen hat. Du hast von ihm weder gegenseitigen Respekt noch geteilte Scham, Wärme, Verständnis oder Empathie erfahren. Du hast versucht, mit jemandem nach denselben Regeln zu spielen, der sich nicht daran hielt: Er foulte dich rücksichtslos, lief davon und kassierte trotzdem den Punkt.

Du musst akzeptieren, dass du trotz dieser inakzeptablen Spielweise es nicht besser wusstest und die Regeln weiterhin respektiert hast, während du mit Füßen getreten wurdest. Jetzt musst du aus dieser Illusion ausbrechen und Narzissmus als das sehen, was er ist: eine Erfindung und ein Mythos. Es ist eine *Lüge*.

Die Wahrheit ist:

- *Du bist **nicht** weniger wert als der Narzisst.*
- *Du bist **nicht** inkompetent.*
- *Du brauchst **niemanden** mit angeblich höherer Macht, um durchs Leben zu kommen.*
- *In Beziehungen geht es **nicht** darum, eine Rolle zu spielen.*

Der Narzisst hat diese Lügen erfunden und dich dazu gebracht, sie zu glauben, weil du verletzlich warst. Als Kind warst du verletzlich. Wenn du in einer Beziehung bist und dein Selbstwertgefühl beeinträchtigt ist, bist du verletzlich. Wenn du nach Liebe hungerst, bist du verletzlich. Beziehungen bedeuten per Definition, verletzlich zu sein. Narzissten nutzen das aus.

Der Weg in die Freiheit fängt an, wenn du diesen Mythos zerstörst. Du bist nicht wertlos und schwach. Du wurdest gezwungen, mit jemandem zu spielen, der sich nicht an die Spielregeln gehalten hat. So einfach ist das.

Ein Plan zur Heilung

Das Leben besteht aus Erfahrungen, was bedeutet, dass unsere Erfahrungen unsere Überzeugungen und unser Verhalten prägen. Das Problem des Narzissmus liegt tief in uns verankert. Es löst sich nicht einfach auf, weil wir es beschließen oder ein Buch darüber lesen. Um den durch Narzissmus verursachten Schaden rückgängig zu machen, müssen wir gegensätzliche Erfahrungen schaffen und diese so lange wiederholen, bis sie Teil von uns werden.

Die Strategie für Veränderungen besteht darin, klare Ziele zu setzen und diese durch verschiedene Übungen schrittweise zu bearbeiten. Das ist ein kontinuierlicher Prozess, bei dem Fortschritte erzielt und integriert werden, gefolgt von weiteren Fortschritten und Integrationen. Die Ziele sind wie Leuchttürme. Anstatt diese Ziele zu erreichen, musst du nur auf Kurs bleiben und tiefer gehen. Je länger du daran arbeitest, desto mehr lernst du dazu. Je mehr Erfahrung du sammelst, desto tiefer gehst du und desto natürlicher wird es sich anfühlen.

Der Weg, einen Narzissten zu exorzieren, besteht aus sieben Zielen:

1. Deine toxische Scham heilen

Scham als Teil deiner Identität hängt mit den meisten deiner Gedanken und Triebe zusammen. Du schämst dich, weil du etwas willst, weil du etwas sagst oder einfach jedes Mal, wenn du dir deiner Selbst bewusst wirst. Das Ziel besteht darin, dich deiner Scham zu stellen und sie Stück für Stück zu heilen, bis du dich davon befreien kannst. Letztendlich sollst du Scham nur noch empfinden, wenn es angebracht ist, und dich daran gewöhnen, sie zu erleben, ohne sie mit Minderwertigkeit gleichzusetzen.

2. In die Realität zurückkehren

Wenn du dich oft dissoziierst, kannst du dein Leben nicht in die Hand nehmen. Das Ziel ist, mit deinem wahren Selbst und deinen Gefühlen in Kontakt zu bleiben und die Unebenheiten des Lebens zu meistern, ohne in deine Fantasiewelt zu flüchten. Dir deiner Gefühle und deiner Lebenssituation bewusst zu werden, ist zwar anfangs unangenehm und schmerzhaft, gibt dir aber die Kraft, die Kontrolle zu übernehmen.

3. Deine Emotionen meistern

Scham ist eine der schwierigsten Emotionen, die es zu zähmen und zu integrieren gilt. Tatsächlich kann jede Emotion uns überwältigen. Es ist wichtig, sich einer Vielzahl von Emotionen bewusst zu werden, sie anzunehmen, im Einklang mit ihnen zu handeln und sie in ein gesundes Ego zu integrieren. Du möchtest die Verbindung zwischen Verstand und Emotionen stärken, sodass du intensive Emotionen fühlen kannst, während du mit deiner Lebenssituation verbunden bleibst. Von dort aus kannst du dann Entscheidungen treffen.

4. Ein gesundes, gut trainiertes Ego entwickeln

Ein natürliches Ergebnis der Beherrschung deiner Emotionen ist ein weiseres, besser informiertes Ego. Wenn dich deine Emotionen nicht mehr überwältigen, hast du Raum für klares und effektives Denken. Wenn jemand versucht, dich emotional zu manipulieren, wirst du dir dessen sehr bewusst sein.

Die ultimative Belohnung für die Beherrschung deiner Gefühle ist, dass du erkennst, dass du dich, unabhängig davon, wie du dich fühlst, dafür entscheiden kannst, in eine ganz andere Richtung zu handeln. Das kann schwierig sein, wenn deine Gefühle dich immer wieder in die Richtung ziehen, in die sie wollen. Sobald du den Sturm überstanden hast, kann dein gesundes Ego unabhängig von deinem inneren Zustand funktionieren. Du hast endlich eine Wahl.

5. Eine solide, unabhängige Selbstwahrnehmung entwickeln

Dabei geht es darum, in sich selbst zu schauen und viel mehr zu finden als nur überwältigende Scham und Angst. In dir steckt eine ruhige, feste Präsenz, die nicht beeinträchtigt oder beeinflusst werden kann. Emotionen und Situationen sind im Vergleich zu diesem soliden, selbstbewussten Selbst nebensächlich. Von diesem sicheren Ort aus wirst du das Gefühl haben, Rückhalt zu haben: eine sichere, numinöse Präsenz, auf die du zurückgreifen kannst, wenn das Leben schwierig wird. Da ein solides, unabhängiges Selbst nicht erschüttert werden kann, hast du die Freiheit der Wahl. Du wirst nicht in alle Richtungen gezogen, sondern verankerst dich in diesem starken Selbst und betrachtest deine Welt aus einer privilegierten Position.

6. Klare Grenzen setzen

Wenn du ein starkes, unabhängiges Selbstbewusstsein hast, wirst du ganz natürlich anfangen, Grenzen zu setzen. Das passiert ganz von selbst. Wenn du anfängst, dein wahres Selbst zu spüren, wirst du es auch schützen wollen. Je stärker es wird, desto stärker werden deine Grenzen. Wenn Leute (vor allem Narzissten) dich testen, werden sie auf deine Stärke treffen. Sie werden wissen, dass sie fair und respektvoll sein müssen, um das Beste von dir zu bekommen.

7. Deine Menschlichkeit genießen und deine Leidenschaft finden

Das wahre Selbst, sobald eine Person sich damit verbindet, entwickelt ein Eigenleben. Anstelle von ständiger Angst wirst du Frieden spüren. Je weniger du dich dissoziierst, desto mehr wirst du spüren, wie deine Empathie wächst und wie sehr du anderen helfen möchtest. Aus deiner Perspektive wirst du Sicherheit und Stärke spüren. Dadurch wirst du den Mut haben, Dinge auszuprobieren, die du schon immer tun wolltest. Du wirst weniger Zeit und Energie darauf verwenden, anderen zu gefallen, und dich stattdessen mehr auf deine eigenen Bedürfnisse und Wünsche konzentrieren.

Vieles davon lässt sich nicht mit Worten erklären. Wenn sich der Nebel lichtet, wirst du Dinge erleben, die du dir nie hättest vorstellen können. Ein gestärktes wahres Selbst ist für jeden Menschen einzigartig, und wie du von dort aus dein Leben gestaltest, ist unvorhersehbar und spannend. Das Paradoxe daran ist, dass es sich für dich völlig natürlich anfühlen wird. Angst, Schuldgefühle, Unruhe und Scham bedecken dieses wahre Selbst. Sobald sie sich auflösen, beginnt die Magie.

Diese sieben Ziele werden nach und nach durch die folgenden sieben Praktiken verwirklicht, die dir helfen sollen, sowohl persönlich als auch in Beziehungen zurück in die Mitte des Scham-/Grandiositäts-Kontinuums zu gelangen:

1. **Verbündete finden**
2. **Dein wahres Selbst entfesseln**
3. **Deine Fähigkeiten verbessern**
4. **Dein Licht zeigen**
5. **Die Waage ausgleichen**
6. **Grenzen setzen**
7. **Verbrannte Erde**

Jede dieser sieben Praktiken umfasst einige oder alle der sieben Ziele und gibt dir einen Rahmen für dauerhafte Veränderungen. Die Praktiken eins und zwei bilden den Kern, aus dem alle anderen Praktiken hervorgehen. Ohne sie sind die anderen Praktiken nicht möglich. Die Verbindung zwischen Verstand und Emotionen ist entscheidend. Wenn du deine Emotionen aushalten, verstehen und akzeptieren kannst, wirst du auch die restlichen Praktiken besser meistern. Natürlich kannst du jede der Praktiken lernen und umsetzen, aber es ist wichtig, dass du dich zunächst auf die Praktiken eins und zwei konzentrierst.

Wenn du die Praktiken ausübst, sammelst du neue Erfahrungen, und deine Psyche beginnt sich anzupassen. Einige Praktiken werden dir leichter fallen als andere. Vielleicht hast du bereits gesunde Freundschaften aufgebaut, oder dir fällt es leicht, Grenzen zu setzen. Vielleicht bist du selbstbewusst, wenn du neue Dinge lernst und ausprobierst, fühlst dich aber nicht so sicher im Umgang mit deinen Emotionen (oder umgekehrt). Das Wichtigste ist, dass du alle Praktiken integrierst. Bei den Praktiken geht es darum, deine Paradigmen zu verschieben, also eine neue Perspektive einzunehmen. Wenn du die Konzepte verinnerlichst, wirst du deine Erfahrungen anders interpretieren, und damit werden sich auch deine Überzeugungen und Verhaltensweisen entsprechend anpassen.

Während du diese Praktiken meisterst, hast du vielleicht eine Zeit lang das Gefühl, nicht voranzukommen, aber dann macht es plötzlich Klick. Alte Überzeugungen werden gelegentlich die Oberhand gewinnen und deine Sicht trüben, sodass du den Weg nicht mehr sehen kannst. Das gehört dazu, wenn man einen neuen Weg einschlägt. Am Anfang kann man nicht alles überblicken. Aber mit der Zeit ergibt sich ein Gesamtbild. Du wirst einige Schritte zurückgehen und einige vorwärts. Vielleicht hast du beim Lesen dieses Buches sofort Aha-Erlebnisse, vielleicht kommen sie aber auch erst später, nach ein paar Versuchen und Fehlern. Doch mit neuem Wissen und dem Bewusstsein für die Fallstricke und Hindernisse, denen du begegnen könntest, hast du alle Chancen, dein Leben aus den Fängen des narzisstischen Regimes zurückzugewinnen.

Bist du bereit? Dann lass uns loslegen.

Praxis eins: Verbündete finden

Ein Freund ist jemand, der dir die totale Freiheit gibt, du selbst zu sein.

– Jim Morrison

Wenn deine Gefühlswelt gekapert wird, hast du nicht mehr das Steuer in der Hand. Es ist äußerst wichtig, dass du den inneren Freiraum hast, um unabhängig von anderen zu denken, zu fühlen und Entscheidungen zu treffen. Es ist auch wichtig, deine eigene Grandeur zum Ausdruck zu bringen und sie sichtbar zu machen, sowie deine toxische Scham loszulassen und eine stärkere Selbstwahrnehmung zu entwickeln.

Das kannst du nicht alleine schaffen. Mit der Zeit entwickelt toxische Scham eine Eigendynamik und beginnt, autonom zu funktionieren. Ein Großteil des Schadens, den das narzisstische Regime anrichtet, funktioniert autonom. Du kannst keine hohen Mauern überwinden, ohne dass dir jemand von der anderen Seite hilft. Es ist ein Paradoxon, aber um Autonomie und Freiheit zu erlangen, brauchst du Unterstützung. Du brauchst die Hilfe von Menschen, die keine Narzissten sind.

Limbische Resonanz

Limbische Resonanz ist die tiefste Form der Verbindung, die Menschen haben können. Sie entsteht, wenn zwei oder mehrere Menschen emotional verbunden sind und sich aufeinander einlassen. Stelle dir vor, eine Person erzählt eine herzzerreißende Geschichte über einen Verlust. Die andere Person könnte ebenfalls anfangen, Traurigkeit zu empfinden. Um dieses unangenehme Gefühl zu vermeiden, könnte sie dann spielerisch sagen: „Ach, Kopf hoch! Es wird schon wieder! " Dies ist eine verpasste Gelegenheit für limbische Resonanz.

Damit limbische Resonanz entstehen kann, muss die Person ihre eigenen Gefühle einbringen, während sie der anderen Person zuhört, und einfach bei dieser Emotion bleiben. Das ist fast wie eine Trance. Dahinter steckt ein echtes Gefühl der Kameradschaft. Oft müssen gar keine Worte gesagt werden. Die Augen, der Gesichtsausdruck und die Körperhaltung vermitteln, dass der Zuhörer nachempfinden kann, was der Sprecher fühlt. Das Ergebnis? Die Person, die ihre Emotionen ausdrückt, fühlt sich tief und wirklich verstanden, und die Scham wird losgelassen.

Wenn dir jemand limbische Resonanz anbietet, fühlst du dich auf der tiefsten Ebene akzeptiert und geliebt. Dein Selbstwertgefühl steigt und dein wahres Selbst beginnt zum Leben zu erwachen. Das ist zutiefst nährend für die Seele. Es ist warm und lebensbejahend; ein fruchtbarer Boden, auf dem das wahre Selbst gedeihen kann. Die Verbindung zu einem Narzissten ist dagegen kalt und lebensfeindlich; sie ist wie harter Beton, auf dem nichts wachsen kann. Limbische Resonanz ist eine Zutat, die in einer Beziehung mit einem Narzissten fehlt. Der Narzisst ist so sehr auf sein falsches Selbst fixiert, dass er dazu nicht in der Lage ist. Er ist viel zu abgelenkt.

Tatsächlich kann niemand, der Angst vor den eigenen Emotionen hat, einem anderen Menschen limbische Resonanz bieten. Viele Menschen ersetzen limbische Resonanz durch Rollenspiele. In solchen Fällen wird echte emotionale Verbindung durch mentale Akrobatik ersetzt. Die Dynamik vieler Familien basiert auf solchen Rollenspielen, denen jede echte Substanz fehlt. Um offen für die Gefühlswelt des anderen zu sein, braucht es einen sicheren Raum, gesunde Grenzen, Reife und den Mut, sich turbulenten Gefühlen zu stellen. Es erfordert viel Geduld und Geschick, eine solche Beziehung aufzubauen und aufrechtzuerhalten.

Viele Menschen sind sich gar nicht bewusst, was ihnen fehlt. Ein großer Teil der Bevölkerung hat nur sehr wenig limbische Resonanz erfahren und dadurch den Kontakt zu seiner eigenen Menschlichkeit verloren. Ohne den Kontakt zu den eigenen Emotionen kann man sein volles Menschsein nicht entfalten. Ohne Emotionen wird das Leben zu einer mentalen Abstraktion. Da sie limbische Resonanz nie wirklich gespürt haben, sind sich viele Menschen ihrer Existenz gar nicht bewusst und wissen auch nicht, wie dringend sie diese brauchen. Genau das Fehlen dieses Phänomens lässt einen Menschen in einem Zustand des Liebeshungers zurück. Ohne limbische Resonanz fühlt sich ein Mensch zersplittert, deprimiert, ängstlich, machtlos und hoffnungslos. Er versinkt in einem klebrigen Sumpf, in dem das Leben ein kalter, dunkler und mühsamer Aufstieg ist.

Sobald ein Mensch jedoch beginnt, limbische Resonanz regelmäßig zu erleben, wird das Gleichgewicht wiederhergestellt. Er fühlt sich wieder ganz, glücklicher, ruhiger und optimistischer. Das wahre Selbst kommt zum Vorschein, und das Leben beginnt in dieser Person zu fließen. Ängste schwinden und ein Gefühl der Sicherheit und Zuversicht stellt sich ein. Das sollte man nicht unterschätzen. Limbische Resonanz ist *entscheidend*. Es spielt keine Rolle, wie viele Leute du kennst. Ohne limbische Resonanz wird es dir sehr schwerfallen, deinem wahren Selbst entgegenzugehen.

Die harte Wahrheit über die Familie

Einer der schwierigsten Aspekte der Veränderung ist es, niemanden zu haben, an den man sich um Hilfe wenden kann. Das wahre Selbst braucht das Gefühl von Sicherheit und Unterstützung. Es braucht limbische Resonanz. Wenn wir an die Begriffe „Verbündeter" oder „Sicherheit" denken, denken wir an die Familie.

Ein weit verbreiteter Irrglaube ist, dass die Familie *immer* da ist und uns immer genau das gibt, was wir brauchen. Tatsache ist jedoch, dass viele Menschen zwar große Unterstützung von ihrer Familie bekommen, unzählige andere aber nicht das Verständnis und die Anleitung erhalten, die sie wirklich brauchen. Einige von uns leben weit weg von ihrer Familie. Andere kommen aus emotional unzugänglichen Familien. Diese haben zwar die besten Absichten und bieten praktische Unterstützung an, sind aufgrund mangelnder limbischer Resonanz während ihrer eigenen Erziehung jedoch nicht in der Lage, uns diese Resonanz zu geben. Und ganz einfach: Manche Menschen kommen aus Familien, in denen Narzissten vorherrschen.

Es kann ziemlich beschämend sein, festzustellen, dass man keine liebevolle, aufeinander eingestimmte Familie hat, an die man sich wenden kann. Schlimmer noch, genau die Menschen, die wir verehrt haben und von denen wir erwartet haben, dass sie uns lieben und unterstützen, könnten genau die Menschen sein, die uns objektiviert und für ihre eigene narzisstische Versorgung benutzt haben. Unser „Zuhause" könnte kompromittiert worden sein, unsere Liebesversorgung vergiftet. In diesen Fällen brauchen wir Verbündete. Wir brauchen Menschen, die uns ein Vorbild sein können und uns bestmöglich unterstützen.

Einen echten Verbündeten finden

Das Leben mit einem Narzissten verursacht enorme Verwirrung. Man weiß nicht mehr, was real ist. Ohne eine Stimme der Vernunft kann man ziemlich schnell verrückt werden. Darüber hinaus versetzt Narzissmus einen Menschen ohne limbische Resonanz in einen Zustand des Liebeshungers.

Zu Beginn deiner Arbeit kann ein Therapeut oder eine Therapeutin sehr hilfreich sein. Der Besuch eines Therapeuten wirkt in zweierlei Hinsicht: Einerseits hilft es, jemanden zu haben, der dir empathisch zuhört, anstatt deine Gefühle herabzuwürdigen, wodurch du dich geliebt und ganz fühlen kannst. Andererseits kann dir diese Person, die deine Emotionen widerspiegelt, helfen, ein ausgewogeneres Verständnis der Realität zu erlangen. Der Therapeut könnte bei seltsamem Verhalten, das du für normal hältst, die Augenbrauen hochziehen. Dadurch kannst du deine Realität in einer sicheren Umgebung hinterfragen.

Das Beste an einem Therapeuten ist, dass du konstante und verlässliche Unterstützung erhältst. Wenn du noch keine Erfahrung mit limbischer Resonanz hast, wird es dir schwerfallen, dir ein Leben jenseits des Narzissmus vorzustellen. Es wird immer schwieriger, sich aus den Fängen eines Narzissten zu befreien. Psychospiele, Schuldgefühle und Angst lösen Zweifel aus. In deinen schwächsten Momenten kann dir die Sitzung beim Therapeuten neue Kraft geben und dir wichtige Erkenntnisse liefern, während du dich aus der psychologischen Knechtschaft befreist und ein Leben in Freiheit und Unabhängigkeit beginnst.

Genauso wie toxische Scham in unseren Beziehungen entstanden ist, kann sie nur durch die empathische Zuwendung einer anderen Person aufgelöst werden. Wenn du mit deinem Therapeuten zusammenarbeitest, ist es wichtig, dass du dich nicht zensierst. Um dein von Scham durchdrungenes wahres Selbst zu entwirren und eine solide Selbstwahrnehmung aufzubauen, musst du dich frei fühlen, dich so auszudrücken, wie du bist. Genauso wichtig ist es, dass dein Therapeut bereit ist, in deine emotionale Welt zu investieren und sie zu erleben. Er muss sich auf die Reise begeben und dich begleiten, egal, was du mit ihm teilst. Ein Narzisst zwingt dich, dein wahres Selbst abzulehnen, indem er es zuerst ablehnt. Dein Verbündeter muss *dich* akzeptieren und *dir* Raum geben, damit du dich aus deinem psychologischen Käfig befreien kannst. Während du mit deinem Therapeuten arbeitest, solltest du:

- **Was du denkst sagen:** Egal, wie seltsam oder peinlich deine Gedanken sind, wenn du sie in einer sicheren Umgebung preisgibst, kannst du Scham loslassen und deine Überzeugungen aus der Distanz betrachten. Was du für selbstverständlich hältst, ist vielleicht gar nicht so „normal". Außerdem wirst du vielleicht überrascht sein, dass selbst die schamhaftesten Gedanken ihre Macht verlieren, wenn sie ans Licht kommen. Das Teilen kann der heilsamste Teil der Reise sein.
- **Deine Gefühle ausdrücken:** Wenn du einen Impuls verspürst, drücke ihn aus und gib ihm Raum. Wenn dein Therapeut seine eigene innere Arbeit gemacht hat, wird er sich in dich hineinversetzen und dir folgen können.
- **Bei deinen Gefühlen bleiben:** Es ist anfangs schwierig, sich auf seine Gefühle zu konzentrieren und sie nicht zu verdrängen. Aber das ist eine Fähigkeit, die man lernen kann. Wenn du es schaffst, eine Emotion nicht zu intellektualisieren, schaffst du Raum, um sie zu sehen, zu fühlen, zu verstehen und zu akzeptieren.
- **Bewusst bleiben:** Wenn du in den Logikmodus verfällst, also dich in Denkmustern verstrickst, kannst du dich von deinen Emotionen abkoppeln und dein Wachstum hemmen. Dich hingegen in deinen Emotionen zu verlieren, kann deine Fähigkeit beeinträchtigen, auf rationaler Ebene zu verstehen und zu denken. Die Therapie kann ein sicherer Ort sein, um beides miteinander zu verbinden. Indem

du deine Emotionen zulässt und bei ihnen bleibst, kannst du schließlich lernen, sie zu verstehen und auszudrücken. Mit schwierigen Gefühlen in Kontakt zu bleiben und dabei einen klaren Kopf zu bewahren, ist eine Fähigkeit, die du entwickeln kannst. Deine Sitzung mit dem Therapeuten ist ein guter Ort, um zu entschleunigen und zu üben.

- **Deine Hoffnungen und Träume teilen:** Anstatt über deine Hoffnungen und Träume zu fantasieren, fange an, sie auszusprechen. Die Aufgabe des Therapeuten ist es nicht, dich anzutreiben, sondern dir den Raum zu geben, über das zu sprechen, was dir wirklich wichtig ist. Der Therapeut kann dir sogar praktische Vorschläge machen, wie du deine Ziele erreichen kannst.

- **Dich der Realität stellen:** Ohne einen Spiegel kann es schwierig sein, aus der Fantasiewelt herauszukommen. Dissoziation und Fantasie bedeuten, dass man sich selbst belügt, ohne sich dessen bewusst zu sein. Ein guter Therapeut wird Wahnvorstellungen behutsam hinterfragen und dir helfen, deine Lebenssituation klarer zu sehen.

- **Verantwortung übernehmen:** Wenn du dich dem Therapeuten anvertraust, ist es wichtig, dass du dir deiner Gefühle bewusst bleibst und Verantwortung für dein Leben übernimmst. Sei offen für Vorschläge zur besseren Selbstfürsorge und gehe es langsam an, damit der Therapeut mit dir Schritt halten kann. Viele Leute haben die falsche Vorstellung, dass es die Aufgabe des Therapeuten ist, Menschen zu „reparieren". Andere nutzen die Therapiesitzung als Ort, um ihre überwältigenden Emotionen loszuwerden, ohne zu versuchen, sie zu verstehen und mit ihnen zu arbeiten. Die Aufgabe des Therapeuten ist es, einen Rahmen zu schaffen, in dem dich deine Emotionen nicht überwältigen, und dir Vorschläge zu machen, die dich weiterbringen. Der Rest liegt bei dir.

Ein großer Teil deines Erfolgs in dieser Praxis hängt davon ab, ob du bereit bist, deine Emotionen auszuhalten und über sie zu lernen. Es hängt auch von deinem Therapeuten ab. Wenn der Therapeut tolerant ist und deine Emotionen aushalten kann, aber dennoch Struktur und Anleitung bietet, hast du den psychologischen Raum, um eine gesündere, robustere Selbstwahrnehmung zu entwickeln. Du wirst das Feuer entfachen, das dein wahres Selbst nährt.

Achte im Laufe deiner Entwicklung auf die Fallen des Verstandes. Es kann leicht passieren, dass du dich in mentalen Konzepten verstrickst. Schau stattdessen immer wieder tiefer und frage dich, was du gerade fühlst. Was auch immer in deinem Leben passiert, es ist zwar wichtig, aber nicht so entscheidend wie dein aktueller emotionaler Zustand. Nur wenn du deinen wahren Zustand zum Ausdruck bringst, wirst du Fortschritte machen. Wenn du an der Oberfläche bleibst oder dich in den Dramen deines Lebens verlierst, wirst du stattdessen stagnieren.

Freunde

Wir brauchen Freunde. Genauer gesagt brauchen wir Freunde, die uns um unserer selbst willen mögen, und nicht, um sich narzisstisch versorgen zu lassen. Freunde sind vielleicht nicht so einfühlsam wie ein Therapeut oder so leicht verfügbar, aber sie können uns definitiv eine einzigartige Art von Liebe und Akzeptanz bieten.

Ungesunde, unausgewogene Freundschaften sind hingegen schädlich für unsere Entwicklung. Unsere Beziehungen dienen nicht nur dazu, uns Verbindung und emotionale Nahrung zu geben, sondern auch dem Teilen, der Ausgewogenheit und der Gleichberechtigung. Außerdem entstehen Freundschaften nicht einfach über Nacht, nur weil zwei Leute beide Fußball oder Pilates mögen. Wie beim Autofahren muss man eine bestimmte Anzahl von Stunden absolvieren und eine Reihe von Herausforderungen meistern, bevor die Fäden der Freundschaft fest genug geknüpft sind. Narzissten werden versuchen, die Verletzlichkeit, Geduld und Opferbereitschaft zu umgehen, die für den Aufbau einer gesunden und dauerhaften Beziehung erforderlich sind.

Menschen, die man als Freunde meiden sollte, sind diejenigen, die:

- zu schnell zustimmen und „beste Freunde" werden wollen, ohne die notwendigen Meilen zu sammeln.
- sich selten nach deinem Leben und deinem Wohlbefinden erkundigen.
- das Thema immer wieder auf sich selbst lenken.
- eine Rolle spielen, die echte Gefühle in der Freundschaft verhindern.
- dich lächerlich machen und herabsetzen.
- dir keine limbische Resonanz bieten.

– sporadisch verschwinden und dann zufällig wieder auftauchen.

Suche stattdessen nach Leuten, die:

– keinen Charme einsetzen, um eine stärkere Bindung zu dir aufzubauen.
– eine Vielzahl deiner Qualitäten schätzen.
– mit dir lachen, nicht über dich.
– akzeptieren, dass in einer Freundschaft physischer und emotionaler Freiraum sein sollte.
– dir folgen können, wenn du schwierige Gefühle zeigst.
– keine hohen Erwartungen an die Freundschaft haben.
– denen Verbindung wichtig ist und nicht ihr eigenes Ego.
– sich konsequent und offen verhalten.

Praxis zwei: Dein wahres Selbst entfesseln

Mit jemandem zusammen zu sein, der ein aufgeblähtes Ego hat, kann deine freie Meinungsäußerung einschränken und dich in eine Rolle drängen, die nicht zu deinem wahren Selbst passt. Wenn du im Schatten der Schamlosigkeit eines Narzissten stehst, fühlst du dich minderwertig und unfähig. Daher ist ein sicheres, akzeptierendes und flexibles Umfeld der einzige Weg, dein wahres Selbst voll zu entfalten.

Die gute Nachricht ist, dass dein wahres Selbst dich nie verlässt und immer geduldig auf dich wartet. Es will nichts weiter, als dass du dich mit ihm verbindest und eure Bindung kontinuierlich stärkst. Um dich effektiv mit deinem wahren Selbst zu verbinden, ist es wichtig, einen sicheren Raum zum Denken und Fühlen zu haben – unabhängig von anderen Menschen, egal ob narzisstisch oder nicht. Dies ist eine Gelegenheit, Rollen und einschränkende Überzeugungen beiseitezulegen und einzutauchen, um zu sehen, was sich wirklich hinter der Maske verbirgt. So kannst du alle Aspekte deines Unterbewusstseins verstehen, akzeptieren und integrieren.

Gib deinem wahren Selbst Gestalt

Ausgehend von den Prinzipien der Gestalttherapie kann das wahre Selbst entwickelt werden, indem man seinen aktuellen emotionalen Zustand erfasst und ihm Gestalt gibt. Die Kunst der Gestalt konzentriert sich auf die Erfahrung einer Person im gegenwärtigen Moment und ermöglicht es ihr, einen Schritt zurückzutreten und sich selbst aus der Distanz zu betrachten. Es ist ein Prozess der Selbstverantwortung und Selbstwahrnehmung. Es gibt verschiedene Aktivitäten, die dir dabei helfen, dich mit deiner aktuellen Erfahrung zu verbinden und sie anschließend aus der Distanz zu betrachten.

Du kannst:

- **Ein Gefühlstagebuch führen:** Schreib nicht einfach auf, was im Laufe des Tages passiert ist. Konzentriere dich auf deine Emotionen und entscheide gleichzeitig, worüber du schreiben möchtest. Nimm die Emotion wahr und gib ihr dann Gestalt. Beschreibe, wie sie aussehen könnte, wenn sie ein Objekt wäre. Tagebuchschreiben ist eine tolle Ergänzung zur Therapie. Wenn du es mit Mut und auf die richtige Weise angehst, kann es eine gute Übung sein, um die Verbindung zwischen Verstand und Emotionen zu stärken.
- **Gedichte schreiben:** Prosa ist toll, aber Gedichte können deinen Gefühlen mehr Ausdruck verleihen. Folge deinen

Impulsen und lass Urteile beiseite. Du schreibst nicht für ein Publikum, sondern für dich selbst. Erkunde jedes Thema, das dich anspricht, egal wie düster es ist.

- **Ein Instrument spielen:** Ein Musikinstrument zu lernen ist befriedigend. Das Beste an Musik ist jedoch, dass sie deine Gefühle widerspiegeln und zum Ausdruck bringen kann. Der Schlag einer Trommel kann Wut ausdrücken, wie es Worte nicht können. Der Klang einer Flöte kann deiner Verzweiflung Flügel verleihen. Die Saiten einer Gitarre können dir Gänsehaut bereiten. Besorge dir ein Instrument und suche dir einen ruhigen Ort, um ganz bei dir zu sein. Du kannst auch einen Proberaum mieten, in dem Instrumente vorhanden sind. Schließlich kannst du noch einen Schritt weitergehen und an einer Musiktherapie teilnehmen. Unter der Anleitung eines Profis kann die Musiktherapie ein wirkungsvolles Mittel sein, um mit deinen Emotionen in Kontakt zu kommen.

- **Malen oder Zeichnen:** Du musst kein großartiger Künstler sein. Wenn du deine Gefühle zeichnest, kannst du Dinge über dich selbst entdecken, die du nie für möglich gehalten hättest. Es ist eine Möglichkeit, wach zu träumen und deinen unterbewussten Emotionen visuelles Leben einzuhauchen. Die Ergebnisse werden dich vielleicht überraschen.

- **Singen:** Mit der Stimme Emotionen auszudrücken, verbindet körperliche und mentale Energie auf eine Art, die das bloße Sprechen nicht erreicht. Indem du deine Stimme intensiver einsetzt, kannst du emotionale Frequenzen erkunden, die du beim Sprechen normalerweise nicht spürst. Du kannst das auch mit Songwriting verbinden.

All diesen Aktivitäten ist gemeinsam, dass sie es dir ermöglichen, deinem Unterbewusstsein Gestalt zu geben. Sie holen das, was tief in dir verborgen ist und außerhalb deines Bewusstseins wirkt, an die Oberfläche und bringen es in die Welt. Das heißt, sie geben deinem wahren Selbst eine Form und machen es sichtbar. Wenn du diese Übungen gut ausführst, werden Aspekte von dir zum Leben erweckt, die du vielleicht zunächst nicht verstehst. Das ist normal und zu erwarten. Eine Zeichnung kann dich wochenlang verwirren, bevor du die Zusammenhänge erkennst. Aber wenn du sie letztendlich erkennst, wirst du deinem wahren Selbst näher sein als je zuvor. So entsteht Wachstum.

Egal, welche Aktivität du ausübst – wichtig ist, dass du sie an einem Ort ausführst, der nur dir gehört. Es ist auch wichtig, dass du die Aktivität mit deinen Gefühlen verbindest. Wenn du zeichnest, zeichne, was du fühlst – auch wenn es abstrakt und sinnlos erscheint. Kopiere nicht einfach ein anderes Gemälde oder male ein Porträt von jemandem. Wenn du ein Instrument spielst, dann lass deine Emotionen den Klang leiten und hab keine Angst, dich in der Musik zu verlieren.

Versuche, den analytischen Verstand hinter dir zu lassen. Verlasse die Struktur und gehe dem Prozess auf organische Weise nach, geleitet von dem, was dir deine Impulse sagen. Es geht nicht darum, Fähigkeiten und Konzepte zu lernen, sondern darum, dich mit deinen Emotionen und somit mit deinem wahren Selbst zu verbinden. Wie bei einer Therapie kannst du so eine Verbindung zwischen Verstand und Emotionen aufbauen und besser verstehen, wie du unterhalb deiner Gedanken tickst. Das ist der effizienteste Weg, um *dich selbst* kennenzulernen. Wenn eine Emotion auftaucht, wirst du in der Lage sein, sie vollständig zu fühlen, zu verstehen und zu entscheiden, ob und wie du handeln möchtest. Das macht dich zu einem starken Gegner für alle, die versuchen, dich zu manipulieren.

Deinem wahren Selbst Gestalt zu geben, kann unangenehm sein, da dabei negative Emotionen geweckt werden können. Hoffentlich hat Praxis eins mit einem Therapeuten geholfen, das Feuer zu entfachen, und du gewöhnst dich langsam daran, deine Emotionen nicht nur zuzulassen, sondern sie auch in guten wie in schlechten Zeiten zu akzeptieren. Ein trauriges Gedicht ist genauso legitim wie ein fröhliches Lied. Eine dunkle, intensive Zeichnung ist genauso gültig wie das Schreiben über deinen schönen Tag und darüber, wie gut du dich gefühlt hast. Selbst ein nagendes, nie endendes Unbehagen verdient deine Fürsorge und Aufmerksamkeit. All das ist ein Teil von dir und hat ein Recht zu existieren. Alles davon.

Es passiert selbst den Besten von uns, dass wir unsere Emotionen nicht unter Kontrolle haben. Emotionen kommen und gehen, aber *du* bleibst. Wenn du ein gewisses Maß an Beherrschung über deine Emotionen entwickelt hast, wirst du die Fähigkeit erlangen, zu entscheiden, wer und was ein Recht auf sie hat. Das Beste daran ist, dass du dich menschlicher und mehr du selbst fühlen wirst als je zuvor. Es gibt keine Grenzen, wie tief du gehen kannst.

Setz dich hin und warte

Kreative Aktivitäten sind immer lohnend, denn sie bieten einen spannenden und aktiven Weg zum wahren Selbst. Sie liefern dir greifbare Darstellungen deines Unterbewusstseins und können dir helfen, dein wahres Selbst besser zu verstehen. Es gibt aber auch einen passiveren Weg zum wahren Selbst, der genauso lohnend ist, auch wenn es auf den ersten Blick nicht so aussieht. Es ist die Sitzmeditation.

„Selbsterinnerung" ist der Prozess, bei dem man für eine bestimmte Zeit einfach still dasitzt, mit dem einzigen Ziel, dem wahren Selbst Zeit und Raum zu geben, um sich zu zeigen. Es ist ein Geduldsspiel, und nichts anderes. Der Sinn der Selbsterinnerung besteht darin, so lange wie möglich mit „dir" selbst dazusitzen. Das ist alles. Du sitzt einfach da, ohne zu erwarten, dass etwas passiert (obwohl paradoxerweise irgendwann doch etwas passiert).

Die Anleitung lautet wie folgt:

- Suche dir einen ruhigen Raum, in dem du ungestört bist.
- Setze dich mit überkreuzten Beinen auf den Boden hin und halte dabei den Rücken und den Nacken aufrecht. Ein Meditationskissen zum Sitzen ist hilfreich, da du durch die erhöhte Position deines Oberkörpers eine gute Haltung beibehalten kannst und die Meditation weniger schmerzhaft ist. Wenn du kein Meditationskissen hast, kannst du ein paar gefaltete Handtücher oder Kleidungsstücke übereinanderlegen und sogar ein Handtuch unter die Knie legen, wenn der Boden hart ist. Wichtig ist, dass du es dir so be-

quem wie möglich machst und dabei eine aufrechte Sitzposition beibehältst.

- Stelle einen Timer. Die ideale Dauer beträgt 20 Minuten. Am Anfang solltest du vielleicht mit einer kürzeren Dauer beginnen und dich dann langsam steigern.

- Leg deine Hände auf deinen Schoß.

- Halte deine Augen während der gesamten Sitzung offen. Such dir einen einfachen Gegenstand, auf den du dich konzentrieren kannst, z. B. eine Tasse ohne Aufdruck. Dieser dient während der gesamten Meditation als Bezugspunkt, damit du dich sanft konzentrieren kannst, ohne abzuschweifen. Wenn du das Bedürfnis hast, die Augen zu schließen, dann tue dies, und öffne sie wieder, wenn du bereit bist.

- Versuche, während der gesamten Meditation entspannt und dennoch konzentriert zu bleiben.

Während der Meditation wirst du auf einige Schwierigkeiten stoßen. Völlige Stille ist ein Zustand, den der Verstand nicht besonders mag, und er wird sich dagegen wehren. Darauf musst du vorbereitet sein. Den Verstand bloßzustellen, ihm keine Ablenkungen zu gönnen und ihm keinen Ausweg zu lassen, bedroht seine Macht über dich.

Hier ist eine Liste der häufigsten Hindernisse und wie du damit umgehen kannst:

- **Unaufhörliche Gedanken:** Während du sitzt, wird dein Verstand weiterarbeiten. Das ist völlig in Ordnung. Du kannst in Gedanken abschweifen, über die Wäsche nachdenken, Teile des Tages wie einen Film abspielen oder sogar anfangen, das Objekt, auf das du dich konzentrierst, zu analysieren. Der Schlüssel ist, dich dabei zu ertappen und deine Aufmerksamkeit sanft in den gegenwärtigen Moment zurückzubringen. Eine gute Möglichkeit, um dich zu erden, ist, dich auf deinen Atem zu konzentrieren. Atme zehn Mal langsam und tief ein und aus, und kehre dann zu einer entspannten, natürlichen Haltung mit normaler Atmung zurück. Eine weitere Möglichkeit, dich zu zentrieren, besteht darin, dich auf deinen Körper zu konzentrieren. Konzentriere dich auf deinen Brustbereich oder deinen gesamten Körper und achte darauf, wie du dich fühlst. Wenn du ein Gefühl wahrnimmst, gehe tiefer hinein und erforsche es. Schenke ihm deine Aufmerksamkeit. Kehre dann zu einer entspannten Konzentration zurück, wenn du bereit bist.

- **Zerstreuung:** Wenn ein Gedanke oder ein äußerer Reiz eine starke Reaktion deines wahren Selbst auslöst, kann der Schmerz das Ego so erschrecken, dass es sich zerstreut. Während der Meditation kannst du umso mehr Angst empfinden, je mehr dein wahres Selbst an die Oberfläche kommt. Wenn die Angst zunimmt, kann dein Fokus beginnen, sich zu zerstreuen. Je mehr sich das wahre Selbst offenbart, desto stärker muss dein Fokus sein. Es kann auch vorkommen, dass du während der Meditation dissoziierst oder dich in einem Gedankenmuster verfängst. Die Idee ist, deinen Fokus sanft zurückzuholen und gleichzeitig deine Körperempfindungen wahrzunehmen. Es ist ein Balanceakt, bei dem zu viel Fokus zu viel Ego hervorbringt, was den Weg zum wahren Selbst blockiert. Zu wenig Fokus führt dazu, dass du unbewusst wirst, was bedeutet, dass das wahre Selbst dich überrennt und du es nicht kanalisieren kannst.

- **Schmerzen und Unbehagen, einschließlich Hitzewallungen:** Das lässt mit zunehmender Anzahl der Sitzungen nach. Im Laufe der Zeit hat dein Körper all deine vergrabenen Emotionen gespeichert. Wenn du die Sitzmeditation machst, kommen diese Emotionen an die Oberfläche und zeigen sich als Schmerzen. Das kannst du besonders in deinen Schultern und im Rücken spüren. Ein paar sanfte Dehnübungen nach dem Sitzen können helfen, aber sei dir bewusst, dass die Schmerzen mit der Zeit nachlassen werden. Du kannst die Meditation natürlich abbrechen, wenn die Beschwerden zu stark werden, aber je länger du durchhältst, desto effektiver wird die Sitzung sein.

- **Zweifel und Ungeduld:** Der Verstand wird seine Spielchen spielen. Er wird dir sagen, dass du albern bist und deine Zeit besser damit verbringen solltest, deinen nächsten Urlaub zu planen. Er wird dir unzählige andere Dinge einreden, die du tun könntest. Er wird dir sagen, dass das, was du tust, sinnlos ist. Hör nicht auf ihn. Das ist alles nur eine List. Der Verstand mag es nicht, sich bloßgestellt zu fühlen, ohne etwas, das ihn ablenkt. Wenn diese Zweifel aufkommen (und das werden sie), nimm sie einfach zur Kenntnis und mach weiter.

- **Verschwommene Sicht:** Meditation verändert die Chemie deines Gehirns. Verschwommene Sicht ist eine Nebenwirkung davon und wird sich mit zunehmender Tiefe legen.

Selbsterinnerung hat sozusagen ein Ziel: einen Raum zu öffnen, in dem dein wahres Selbst zum Vorschein kommen kann und du ihm begegnen kannst. Du solltest die Praxis jedoch ohne ein Ziel angehen. Sobald du ein Ziel damit verbindest, aktivierst du den Verstand und versperrst dir damit den Weg zu deinem wahren Selbst. Bei der Praxis geht es darum, den Verstand zu transzendieren und einen ganz anderen Bereich in dir zu entdecken. Du solltest so offen und entspannt wie möglich sein. Sei dir sicher, dass der Prozess von selbst abläuft; du musst eigentlich nichts „tun", außer konzentriert zu bleiben. Du sitzt einfach da und wartest. Du solltest wachsam, aber ausgeruht sein. Es ist ein paradoxer Zustand – doch je öfter du dich hineinfallen lässt, desto natürlicher wird er sich anfühlen.

Die feine Grenze zwischen Gedanken und wahrem Selbst

Das wahre Selbst zu entdecken und zu erforschen, ist eine persönliche Reise, die Vertrauen erfordert. Die meisten Menschen verbringen den Großteil ihrer Zeit damit, sich vollständig mit ihrem Verstand zu identifizieren, der ihre gesamte Realität einnimmt und sie daran hindert, in etwas Tieferem verwurzelt zu sein. Dieser Mangel an Verwurzelung macht es leichter, manipuliert zu werden. Der Verstand lässt sich von allem überzeugen, das wahre Selbst hingegen ist viel schwerer zu täuschen.

Man kann mental von der Existenz eines wahren Selbst „wissen", aber Wissen ist nicht gleich Erfahrung. Du kannst von der Stadt London „wissen", aber solange du nicht selbst dort warst und ihre Vielfalt, ihr schnelles Tempo und ihre klassischen Sehenswürdigkeiten erlebt hast, wirst du sie nie wirklich kennen. So ist es auch mit dem wahren Selbst. Ähnlich wie ein Fisch das Wasser nicht wahrnimmt, in dem er schwimmt, wirst du, wenn du mit der Sitzmeditation beginnst, weiterhin im Bereich des Denkens eingetaucht sein. Das ist ganz normal. Es ist der Ausgangspunkt.

Wenn du nicht tatsächlich erfahren hast, wie es ist, mit deinem wahren Selbst verbunden zu sein, denkst du vielleicht, dass es gar nicht existiert. Du brauchst Vertrauen, Mut und Geduld, um deinen Weg zu diesem wundersamen Ort zu finden. Es gibt einen *Denkmodus* und einen *Seinsmodus*, und je mehr Sitzungen du machst, desto deutlicher wird die Grenze zwischen den beiden. Je mehr Vertrauen und Mut du zeigst, desto mehr wirst du belohnt werden. Es wird ein Punkt kommen, an dem du das wahre Selbst ausreichend aufgedeckt hast, und du wirst vielleicht in dich hineinlächeln, weil du es erkannt hast. Das wird ein entscheidender Meilenstein auf deiner Reise sein und ein großes Puzzleteil auf deinem Weg aus dem narzisstischen Regime heraus und zur Entdeckung deiner wahren Kraft.

Praxis drei: Deine Fähigkeiten verbessern

Die Regeln sind einfach. Nimm deine Arbeit ernst, aber dich selbst nicht. Gib deine ganze Liebe und dein ganzes Können hinein, dann wird es sich zeigen.

– Chuck Jones

Dein wahres Selbst wiederzufinden, gibt dir unglaublich viel Kraft. Wenn du anfängst, dich auf deine Gefühle einzulassen und ihnen Raum zum Atmen zu geben, wirst du merken, dass du dadurch auch mehr Energie hast. Das funktioniert in zweierlei Hinsicht: Du verschwendest keine Energie mehr damit, deine Gefühle zu unterdrücken, und indem du sie zulässt, geben sie dir neue Kraft.

Außerdem hat dich das Leben innerhalb der Grenzen eines narzisstischen Regimes davon abgehalten, dein eigener Anführer zu sein. Anführer beschreiten neue Wege. Anführer gehen mutig ins Unbekannte. Anführer haben Fähigkeiten. Du bist dieser Anführer, auch wenn du dein Potenzial vielleicht noch nicht voll erkannt hast. Du wirst in große Fußstapfen treten. In dieser Praxis geht es genau darum.

Dein Potenzial auszuschöpfen bedeutet Wachstum. Wachstum bedeutet, sich der Wahrheit zu stellen und mit unangenehmen Emotionen umzugehen. Mit den Praktiken eins und zwei hast du die Basis geschaffen, um mit deinen Emotionen reifer umzugehen als je zuvor. Von da aus kannst du anfangen, mehr Lebenskompetenz aufzubauen, und damit beginnst du, den Mythos des Narzissmus auf die Probe zu stellen. Du bist dazu in der Lage.

Es geht nicht darum, andere zu übertrumpfen, sondern darum, deine eigene Messlatte höher zu legen. Mehr Lebenskompetenz zu erlangen bedeutet, nützliche Fähigkeiten zu erwerben und Aktivitäten auszuüben, die innere Stärke und Widerstandsfähigkeit aufbauen. Indem du deine Lebenskompetenzen langsam erweiterst, widerlegst du deine einschränkenden Überzeugungen. Was du tust und wie du es tust, hängt von dir, deiner Lebenssituation und deinem Geschmack ab.

Hier sind einige Vorschläge:

- **Alleine reisen:** Das kann die einschüchterndste und zugleich lohnendste Erfahrung sein, die du machen kannst. Nur wenige Aktivitäten erfordern, dass du so schnell neue Fähigkeiten erlernst wie beim Reisen. Wissen, was man einpacken soll, seine Zeit organisieren, entscheiden, was man tun will und wie lange man es tun will, gezwungen sein, auf alternative Weise zu kommunizieren, neue Kulturen und Lebensweisen kennenlernen – die Liste ist endlos.

Wenn du in fremde Länder reist und dich in ungewohnten Situationen wiederfindest, muss sich dein Geist auf eine Weise anpassen, wie er es noch nie zuvor musste, und dein wahres Selbst wird wie nie zuvor geweckt. Du erinnerst dich daran, was es heißt, die Welt mit „neuen Augen" zu sehen.

— **Eine Sprache lernen:** Eine neue Sprache zu lernen, bedeutet sich auf eine völlig neue Art auszudrücken. Dein Gehirn verändert sich, und je flüssiger du wirst, desto mehr verändert sich auch dein Selbstbild. Deine Identität wird sich weiterentwickeln, und dein Selbstvertrauen wird wachsen. Natürlich ist es hilfreich, sich in dem Land aufzuhalten, in dem die Sprache gesprochen wird. Aber auch wenn du zu Hause lernst, ist es definitiv möglich. Es gibt Sprach-Apps, die du herunterladen kannst. Du kannst Musik hören, Filme schauen sowie Zeitungen und Bücher lesen. Suche dir eine Kultur aus, die dich wirklich interessiert, und arbeite daran. Mit der Zeit wirst du merken, dass du immer flüssiger wirst.

— **Kampfsport machen:** Kampfsportarten bieten eine tolle Möglichkeit, Körper und Geist zu verbinden. Für alle, die es nicht gewohnt sind, ihre Kraft zu trainieren, kann Kampfsport das Selbstvertrauen stärken.

— **Kochkurse besuchen:** Für Anfänger ist das Kochenlernen sowohl eine Fertigkeit als auch eine Form der Selbstliebe. Schon wenige Gerichte zu beherrschen, kann viel bewirken.

— **Bücher über Psychologie oder Philosophie lesen:** Werke über Scham und Verletzlichkeit sowie philosophische Klassiker wie Schopenhauers *Die Welt als Wille und Vorstellung* oder Paulo Coelhos *Der Alchimist* können deinen Horizont erweitern und dir ein tieferes Verständnis der Welt und des Geistes vermitteln.

- **Deine technischen Fähigkeiten auf den neuesten Stand bringen:** Für Nicht-Fachleute kann Technologie wie ein unzugängliches Terrain erscheinen, das vermeintlich nur Experten vorbehalten ist. Ein einfacher Website- oder Programmierkurs oder sogar etwas so Einfaches wie das Tippen mit zehn Fingern kann dir die Welt der Geeks näherbringen. Du wirst überrascht sein, wie kreativ die Tech-Welt sein kann und wie viel Vorstellungskraft dafür nötig ist.

- **Einen Fotokurs oder -workshop besuchen:** Lerne, wie du die Welt um dich herum sehen und festhalten kannst. Heutzutage macht fast jeder Schnappschüsse mit seinem Smartphone, aber nicht jeder lernt die Kunst dahinter.

- **Ein Instrument lernen:** Es gibt unzählige Video-Tutorials und Ressourcen im Internet, mit denen du die Grundlagen erlernen kannst. Du könntest auch die Musik deiner Lieblingssongs erlernen, um es interessanter zu gestalten.

- **Einen Sport treiben:** Du kannst die Fähigkeiten, die ein Sport erfordert, lernen und üben. So kannst du Spaß mit Disziplin verbinden und mehr Selbstvertrauen aufbauen.

Allein in der Dunkelheit zu stehen, ohne dass dir jemand sagt, wo du hingehen sollst, und erwartet wird, dass du deinen eigenen Weg findest, ist eines der beängstigendsten Gefühle, die man haben kann. Aber es liegt durchaus in deiner Macht, jemand zu werden, der solche Situationen in seinem Leben begrüßt.

Je besser du verschiedene Lebenskompetenzen beherrschst, desto mehr wachsen deine Fähigkeiten und dein Selbstvertrauen. Du wirst langsam merken, dass irgendwo in dir eine Quelle der Energie und Weisheit steckt, von der du nie gedacht hättest, dass sie existiert. Selbstvertrauen schafft Selbstvertrauen, und du wirst feststellen, dass du dir selbst zutraust, neue Herausforderungen zu meistern.

Wie bereits erwähnt, ergänzen die Praktiken eins und zwei diese Praxis, denn das Erlernen einer Fertigkeit erfordert Geduld sowie körperliche und emotionale Ausdauer. Es wird Tage geben, an denen dir die Fertigkeiten nicht leichtfallen, und du wirst Gefühle wie Scham, Frustration und Unwürdigkeit überwinden müssen. Nur wenn du trotz dieser emotionalen Turbulenzen weitermachst und lernst, zu handeln, wirst du diese Praxis meistern.

Meisterschaft ist eine bewusste *und* eine unbewusste Handlung. Jede Stunde, die du bewusst in den Dienst deines gewählten Fachgebiets investierst, summiert sich auf einem unsichtbaren Rechner. Bevor du es überhaupt merkst, wirst du feststellen, dass du kompetent geworden bist. Das ist immer eine angenehme Überraschung. Die Momente, in denen dir bewusst wird, wie weit du bereits gekommen bist, werden dich ermutigen, noch weiterzugehen. Wenn sich der Nebel aus Zweifeln und Scham langsam lichtet, wirst du dir deines eigenen Wachstumspotenzials immer bewusster. Es gibt keinen besseren Weg, Scham zu überwinden, als durch den Aufbau von Fähigkeiten. Kompetenz aufzubauen bedeutet, sich immer wieder den eigenen Grenzen zu stellen. Dadurch akzeptierst du deine menschlichen Grenzen besser und wirst dir paradoxerweise deines inneren Potenzials bewusster. Dieser Prozess hat kein Ende, er geht nur immer tiefer.

Praxis vier: Dein Licht zeigen

Stell deine Füße an die richtige Stelle und steh fest.

– Abraham Lincoln

Ähnlich wie eine Grippeimpfung können wir uns vor Narzissten schützen, indem wir uns gewissermaßen impfen lassen. Ja, um immuner gegen den pathologischen Narzissmus anderer zu werden, verabreichen wir uns selbst eine Dosis gesunden Narzissmus.

Keine Sorge, es kommen keine Nadeln zum Einsatz. Und keine Angst, dass du eine voll ausgeprägte narzisstische Persönlichkeitsstörung entwickelst. Du bist biologisch anders veranlagt. Du bist mit der Fähigkeit ausgestattet, Scham und Schuld zu empfinden. Wenn diese Emotionen wie ein Chip in unser Gehirn eingebaut wären, hätten Narzissten einen leeren Steckplatz. Egal, was du tust, du wirst also niemals ein voll ausgeprägter Narzisst werden. Solange du mit diesen Emotionen in Kontakt bist, bleibst du auf dem Boden der Tatsachen. Denke daran, dass sich Narzissmus auf einem Kontinuum bewegt. Auch wenn wir auf dieser Skala mal nach oben und mal nach unten rutschen, können wir uns immer wieder in die Mitte zurückbringen.

Die ständige Beschämung durch einen Narzissten überzeugt die Zielperson davon, dass sie unwürdig und unfähig ist. Das führt dazu, dass sie nicht an ihre Grandeur glaubt, außer natürlich, wenn sie dissoziiert und fantasiert. Mehr Raum einzunehmen und als etwas Besonderes in der realen Welt hervorzustechen, ist für sie ein Fremdwort, das sie normalerweise für andere reserviert. Die Lösung? Werde selbst ein bisschen narzisstischer. Hör auf, dir einzubilden, dass du etwas Besonderes bist, und fang an, deine Besonderheit zu leben. Das wird dir zunächst unangenehm sein und Angst auslösen, da du in manchen Situationen auf Widerstand stoßen könntest. Aber daran kannst du dich gewöhnen. Was könnte natürlicher sein, als das zu leben, was das Leben von dir will? Die Praktiken eins bis drei sollen dir dabei helfen, ein realistischeres Bild von dir selbst zu entwickeln und dein Selbstwertgefühl auf das Niveau zu heben, auf dem es sein sollte. Dein Verhalten sollte dann die logische Konsequenz daraus sein.

Sei besonders, sei fair

Voll entwickelter Narzissmus ist Grandiosität, die schiefgegangen ist. Es ist eine Sucht nach Grandiosität, die dadurch funktioniert, dass man andere beschämt. Wenn du deine Grandeur mit Respekt einsetzt, kann dir das dabei helfen, einen Beitrag zu deiner Welt zu leisten. Du bist nicht nur ein Mensch mit Fehlern und Grenzen, sondern von Natur aus auch etwas Besonderes und zu erstaunlichen Taten fähig. Das darfst du auf jeden Fall zeigen.

Es gibt nichts Schöneres, als einen Menschen mit Demut und Menschlichkeit zu erleben, der zutiefst glaubt, dass er etwas Besonderes ist. Es ist nichts Falsches daran, sich selbst zu lieben und ein gesundes Selbstwertgefühl zu haben. Es ist jedoch falsch, zu glauben, man sei Gott, und daraufhin alle anderen zu objektivieren. Wenn du den Unterschied zwischen Grandeur und Grandiosität im Hinterkopf behältst, kannst du Folgendes tun:

- **Dich zeigen:** Sag öfter deine Meinung, biete an, bei der Arbeit eine Präsentation zu halten, teile deine kreativen Werke mit der Welt oder organisiere Events wie Geburtstags- oder Einweihungspartys. Wenn du auf Widerstand von anderen stößt, sei offen und höre zu, passe dich gegebenenfalls an und mache weiter. Betrachte es als deinen Beitrag zur Welt. Wenn du das mit Bescheidenheit tust und dabei anderen etwas gibst, werden die Leute es zu schätzen wissen.

- **Die Kontrolle übernehmen:** Überlass es nicht immer anderen, zu planen und die Verantwortung zu übernehmen. Mach Vorschläge, wo ihr zum Abendessen hingehen könnt, oder stell einen Plan auf und übernimm die Führung. Es ist ein schmaler Grat zwischen herrisch sein und einen Beitrag zu deinen Beziehungen leisten. Finde diese Grenze. Versuche zu verstehen, für wen du planst, und finde Dinge, die alle Beteiligten verbinden. Stärke und Verständnis sind eine tolle Kombination in Beziehungen. Wenn du dich auf eine Weise behaupten kannst, die das

Leben anderer bereichert, fühlen sie sich in deiner Gegenwart sicher. Sei diese Präsenz.

- **Große Träume haben:** Überlege dir, was dich begeistert, und denke dir Wege aus, wie du deine Ideen umsetzen kannst. Sei nicht schüchtern; du hast große Träume, weil du von Natur aus groß bist. Überlege dir den kleinsten Schritt, den du machen kannst, und mache ihn jeden Tag. Je mehr Zeit du investierst, desto klarer wird dein Traum in der realen Welt. Erkenne deine Rückschläge und Hindernisse an und finde Wege, sie zu umgehen. Große Träume zu haben und dann jeden Tag etwas dafür zu tun, ist der Weg, wie du die Welt veränderst. Es spielt keine Rolle, was es ist; wenn du mit deinem wahren Selbst in Kontakt bist, wirst du gut darin sein, deinem Instinkt zu folgen, und du wirst keine Bestätigung dafür brauchen, warum du etwas tust.

- **Ein Gefühl der Berechtigung entwickeln:** Nimm dir das letzte Stück Kuchen (jemand muss es ja tun), entschuldige dich weniger, drücke dich nicht so sehr an die Wand, wenn du jemandem im Flur begegnest, und sprich etwas lauter. Halte intensiven Blickkontakt. Diese Welt gehört auch dir.

Wenn du bei der Verbesserung deiner Fähigkeiten (Praxis drei) mit deiner Scham konfrontiert wurdest, wird dich diese Praxis ins kalte Wasser werfen. Es ist eine Sache, sich in der täglichen Praxis mit seinen Grenzen auseinanderzusetzen, aber es ist etwas ganz anderes, sich zu exponieren und sich der Kritik anderer auszusetzen. Kunst zu schaffen und sie öffentlich zu zeigen, bedeutet, die Welt einzuladen, dein Herz und deine Seele zu sehen. Sich zu äußern und sich von anderen abzuheben, kann für Unruhe sorgen, insbesondere bei Narzissten. Alte Wunden können wieder aufgerissen werden. Dein wahres Selbst zu zeigen und sich beurteilt und abgelehnt zu fühlen, ist schmerzhaft. In solchen Situationen kann Scham hochkochen. Der Trick ist, langsam vorzugehen und mutig zu sein.

Es hilft auch, Praxis eins (Verbündete) in Momenten, in denen du dich verletzlich und bloßgestellt fühlst, voll auszuschöpfen. Sich in der realen Welt zu zeigen und verletzlich zu machen, ist einfacher, wenn du die Unterstützung und das Verständnis der Menschen hast, die zu dir stehen. Deine Verbündeten können dir sagen, wenn du zu weit gegangen bist, oder sie können dir dabei helfen, zu erkennen, dass das, wofür du dich am meisten schämst, gar nicht so schlimm ist. Sie können dich auch auf ihre eigene Weise anfeuern und ermutigen, wenn es mal nicht so gut läuft. Deine Verbündeten können dir die Perspektive und Unterstützung geben, die du brauchst, um diese Praxis durchzuhalten, bis sie zur Selbstverständlichkeit wird.

Außerdem hast du mit zunehmender Selbstwahrnehmung ein festes Polster, auf das du dich in schwierigen Zeiten stützen kannst. Rückschläge und Herausforderungen werden deine Willenskraft nicht so leicht zerstören. Du brauchst keine Ausreden, denn du hast bereits einen Pakt mit dem Leben geschlossen. Angesichts aller Hindernisse wirst du wissen, dass du einfach das tust, wozu du auf diese Welt gekommen bist.

Geh hinaus und besiege ... deine Scham

Es ist allerdings schwer, einen gesunden Narzissmus zu entwickeln, wenn du das Gefühl hast, nicht einmal etwas Besonderes zu sein. Aber sobald sich diese Überzeugung langsam auflöst, wirst du erkennen, dass du tatsächlich unendlich besonders bist. Du wirst erkennen, dass ein Großteil der Scham, die du zuvor empfunden hast, nicht dein war – sie hat dich nur in einem psychologischen Käfig gefangen gehalten.

Du wirst auch lernen, dass wir in einer Welt des Überflusses leben, in der etwas Besonderes zu sein nicht bedeutet, andere herabzuwürdigen oder auf ihre Kosten zu profitieren. Es bedeutet lediglich, deinen Anspruch geltend zu machen. Wenn du dich so behauptest, wird der Narzisst in dir nicht mehr ein Schaf sehen, das er kontrollieren kann, sondern jemanden, den er fürchten muss. Und die Welt wird jemanden sehen, den sie bewundern kann.

Praxis fünf: Die Waage ausgleichen

Ich fühle mich schön, wenn ich mit mir selbst im Reinen bin – wenn ich gelassen bin, wenn ich ein guter Mensch bin, wenn ich rücksichtsvoll gegenüber anderen bin.

– Elle Macpherson

Eine Beziehung mit einem Narzissten ist unausgewogen. Die Pläne des Narzissten haben immer Vorrang. In einem Gespräch hat seine Stimme Vorrang. Wenn du versuchst, ihn zu beeinflussen, baut er massive Mauern auf. Wenn es nicht in seinem Interesse ist, sagt er Nein.

Eine deiner lebenslangen Aufgaben ist es, Beziehungen zu pflegen, in denen die Waage ausgeglichen ist. Das ist eine Fähigkeit, die Zeit braucht, um sie zu verfeinern. Wenn du den größten Teil deines Lebens mit Narzissten zu tun hattest, hast du vielleicht vergessen, wie Ausgewogenheit in einer Beziehung aussieht. Vielleicht bist du jemand, der immer Ja sagt und dann einfach abwinkt, wenn der andere immer Nein sagt. Du sitzt stundenlang still da, hörst empathisch zu und hilfst dem anderen bei seinen Problemen. Wenn du jedoch deine Meinung oder deine Probleme zum Ausdruck bringst, wirst du mit einem leeren Blick und einer abweisenden Bemerkung konfrontiert.

Das emotionale Investitionsungleichgewicht

Wenn du dir dessen nicht bewusst bist, führt die Weigerung des Narzissten, sich verletzlich zu zeigen, zu einem *Ungleichgewicht der emotionalen Investition*. Narzissten glauben nicht daran, Emotionen zu spiegeln. Das würde ihr wahres Selbst offenbaren. Ihre einzige Möglichkeit, eine Beziehung aufzubauen, besteht darin, dass du ihr falsches Selbst spiegelst.

Wenn zwei Menschen eine Verbindung zueinander aufbauen, passt der Zuhörer seine emotionale Intensität normalerweise an die des Gesprächspartners an. Dadurch entsteht eine limbische Resonanz. Wenn du mit einem Narzissten „in Verbindung" stehst, bekommst du jedoch kein emotionales Feedback, weshalb du noch mehr versuchst, deine Botschaft rüberzubringen. Anstatt sein wahres Selbst einzubringen, wird der Narzisst den emotionalen Inhalt deiner Botschaft abtun. Stattdessen wird er deine Worte analysieren und dann aus seiner Sicht darüber sprechen. Bevor du dich versiehst, hat sich das Blatt gewendet, und du bist derjenige, der den Narzissten spiegelt.

Das emotionale Investitionsungleichgewicht kann schädliche Auswirkungen auf die Zielperson haben. Die Zielperson kommt zu der Überzeugung, dass emotionale Resonanz ein knappes Gut ist und dass man sich dem Zuhörer aufdrängen muss, wenn man gehört werden will. Wenn man lange genug mit Narzissmus lebt, gewöhnt man sich daran, ein emotionales Investitionsungleichgewicht zu erwarten. Wenn du dich offen mit anderen austauschst, kann es sein, dass du die Intensität deiner Gefühle erhöhst und dem anderen keine Chance gibst, sich darauf einzustellen und eine Verbindung herzustellen. Du redest vielleicht mit Leuten wie mit einem Narzissten und versuchst, ihnen deine Gefühle aufzudrängen, in der Hoffnung, dass sie schnell ankommen, bevor die andere Person dich unterbrechen kann. Das Problem dabei ist jedoch, dass der Andere keinen Raum hat, sich mit dir zu verbinden und mit dir in Resonanz zu treten.

Eine ausgewogene Verbindung kann nur entstehen, wenn:

- der Sprecher dem Zuhörer seine Absicht mitteilt und ihm Zeit gibt, die Botschaft mental zu erfassen und sich emotional mit der Absicht der Botschaft zu verbinden.
- der Zuhörer seine Gedanken zurückhalten kann und die Absicht des Sprechers auf sein wahres Selbst wirken lässt, wodurch der Sprecher ausreichend Raum erhält, sich auszudrücken.
- der Sprecher dem Zuhörer Raum lässt, sich einzuschalten und Fragen zu stellen, damit der Zuhörer die Absicht des Sprechers besser versteht.

– beide Personen sich der emotionalen Resonanz hinter dem Gespräch gleichermaßen bewusst sind und die Intensität ausgleichen können.

Denke daran, dass emotionale Investition nicht dasselbe ist wie Sprechen. Ein Narzisst kann lange reden, ohne sich wirklich verletzlich zu zeigen. Was er tatsächlich tut, ist, sein falsches Selbst als Nebelkerze zu benutzen. Emotionale Investition ist spürbar. Du könntest zum Beispiel eine Geschichte über dein Haustier erzählen, das kürzlich gestorben ist. Die Geschichte selbst ist eine Sache, der Ausdruck deiner Traurigkeit darüber ist eine andere. Auch die Reaktion der anderen Person ist eine Sache, und ob sie deine Traurigkeit nachempfinden kann, ist eine andere. In einem Austausch kannst du entweder das Gefühl haben, verstanden worden zu sein, oder das Gefühl, dass du nie wirklich gehört wurdest – selbst wenn die andere Person geantwortet hat. Es ist die *Emotion* hinter dem Austausch, die zählt.

Wenn die Person, mit der du redest, sich weigert, deine Emotionen anzunehmen und darauf einzugehen, obwohl du ihr genug Raum gegeben hast, oder ständig das Gespräch dominiert, solltest du die Unterhaltung besser beenden. Ohne gleichwertige Spiegelung entsteht Scham.

Die emotionale Investitionsfalle

Der Narzisst will, dass du dich emotional investierst. Er hält dich in einer Schleife aus Versuchen, Enttäuschungen und erneuten Versuchen gefangen. Mit der Zeit zehrt das an deinem Selbstwertgefühl und lässt dich in einem Zustand des Liebeshungers zurück. Empathie, Zuhören und Verständnis sind Ausdruck unserer Liebe. Wenn wir solche Spiegelung erhalten, tanken wir neue Energie. Wie Essen oder Luft braucht das wahre Selbst Liebe, um zu gedeihen. Der Narzisst lebt auch davon, aber auf eine andere Art. In ihn zu investieren, stärkt sein Ego und füttert seine narzisstische Versorgung. Es ist egal, ob du dich in ihn hineinversetzt oder dich gegen etwas verteidigst, das er gesagt hat: Solange du dich darauf einlässt, bist du eine Quelle für narzisstische Versorgung. In seinem Fall kann diese jedoch niemals gestillt werden.

Wenn du anfängst, das Interesse an ihnen zu verlieren, werden Narzissten dich mit kleinen Brocken falscher Liebe und Charme füttern, um dich bei der Stange zu halten. Sie werden Mitgefühl und Verständnis vortäuschen, um dich wieder davon zu überzeugen, dass du ein Gleichgewicht erreichen kannst. Wenn das nicht klappt, werden sie Drama inszenieren, um deine Aufmerksamkeit zu bekommen. Sie könnten dir beispielsweise vorwerfen, distanziert zu sein, oder sich subtil über dich lustig machen. Sobald du reagierst und dich emotional wieder einlässt, saugen sie dich aus, um ihre narzisstische Versorgung zu bekommen. Das ist die Falle.

Es ist nahezu unmöglich, in einer Beziehung mit einem Narzissten emotionales Gleichgewicht wiederherzustellen. Es ist, als würde man in der Wüste nach Wasser suchen. Der einzige Weg, emotionales Gleichgewicht in dein Leben zurückzubringen, besteht darin, *Menschen zu finden, die zu einer ausgeglichenen emotionalen Investition fähig sind.* Wenn du mehr Zeit mit solchen Menschen verbringst, wirst du irgendwann den Unterschied zwischen Narzissten und Menschen mit gesundem Schamgefühl und Empathie erkennen. Wenn dir das klar wird, ist es wie Tag und Nacht. Wenn du lange genug in der Dunkelheit lebst, ist es nur normal, dass du vergisst, wie sich Tageslicht anfühlt.

Die Humorfalle

Ein Narzisst nutzt Humor als Mittel zur Kontrolle. Er lacht vielleicht über etwas Alltägliches, nur um dich zum Lachen zu bringen. Es ist ein Spiel nach dem Motto: „Wenn ich haha sage, sagst du ha." Man könnte meinen, es sei eine nervöse Angewohnheit, weil es so oft und ohne wirklichen Grund passiert. Aus Höflichkeit und weil du dir der sozialen Normen bewusst bist, lachst du mit, ohne dir darüber Gedanken zu machen, ob du das, was der Narzisst gesagt hat, tatsächlich lustig findest.

Narzissten verstecken ihren Spott über dich auch hinter Humor. Da sie ihren Spott auf spielerische Weise äußern, oft in Anwesenheit einer Gruppe von Menschen, fühlst du dich gezwungen, mitzulachen. Wenn das lange genug so geht, fängst du irgendwann an, dich selbst in der Gegenwart des Narzissten auszulachen. Mit der Zeit kannst du dazu konditioniert werden, dich selbst herabzuwürdigen und es zu akzeptieren, von anderen herabgewürdigt zu werden.

Die Lösung für dieses Problem? Hör auf zu lachen. Es ist nicht lustig. Du musst nicht jedes Mal lachen, wenn jemand anderes lacht. Du musst definitiv nicht lachen, wenn du selbst verspottet wirst. Wenn du in einer Beziehung bist, in der gegenseitige Neckereien die Norm sind, dann mach gerne mit. Neckereien können eine Freundschaft aufpeppen. Mit einem Narzissten macht das jedoch keinen Sinn, weil er daraus einen Wettbewerb machen wird. Wenn du immer der Sündenbock bist oder merkst, dass die Witze eigentlich verletzend sind und dich kleinmachen, dann weigere dich einfach mitzulachen. Indem du nicht mitlachst, nimmst du dem Narzissten seine Macht.

Die Gesprächsfalle

Wenn die Zielperson immer investiert, muss der Narzisst nicht viel sagen. Es ist meist ein Geduldsspiel, bei dem die Zielperson dazu neigt, die Lücke zu füllen, wenn der Narzisst ihr genügend Raum lässt.

Viele Narzissten nutzen Gespräche jedoch als eine Form der Kontrolle. In der Regel beginnen sie damit, sich nach deinem Leben zu erkundigen, indem sie fragen, wie es dir geht oder wie die Arbeit läuft. Sobald du dich darauf einlässt, lenken sie den Fokus schnell wieder auf sich selbst und halten ihn dort. Dann überschütten sie dich mit einer Flut von Worten, die dich in die Falle locken, und reihen endlose mentale Konzepte aneinander, die kaum etwas mit dir zu tun haben. Es werden viele Worte gesprochen, aber nicht viel gesagt. Du fühlst dich dann gefangen, weil du zu höflich bist, um diesen Angriff zu unterbrechen, während deine Frustration und Verzweiflung weiter wachsen.

Wenn du mit einem Narzissten redest, kommt es dir vor, als würdest du gar nicht existieren, was dich frustriert und ausgenutzt fühlen lässt. Ein Gespräch sollte ein Austausch sein, bei dem beide Seiten sich gegenseitig Sparringpartner sind. Das

Rampenlicht sollte geteilt werden, und das Interesse sollte gegenseitig sein. Die emotionale Investition sollte auf beiden Seiten gleich sein. Ein gutes Gespräch kann das Herz erwärmen und die Seele nähren. Ein Gespräch mit einem Narzissten hingegen fühlt sich an, als würde dein Gehirn von einer Maschinenpistole mit Worten beschossen werden. Es ist leer und mental anstrengend. Solche Gespräche sollten um jeden Preis abgebrochen werden.

Praxis sechs: Grenzen setzen

Wir können uns darauf verlassen, dass wir merken, wenn unsere Grenzen überschritten werden.

– Melody Beattie

Hanna hatte schlimme Bauchkrämpfe. Seit ein paar Wochen hatte sie jeden Tag elf Stunden gearbeitet, und ihr Chef gab ihr immer mehr Aufgaben. Eine Aufgabe, für die man einen ganzen Tag brauchen würde, sollte in ein paar Stunden erledigt werden, dazu noch ein paar andere Sachen.

An den meisten Tagen ließ Hanna ihre Mittagspause aus und aß an ihrem Schreibtisch. Sie war ängstlich, weil sie mit ihrer Arbeit nie ganz fertig wurde. Eigentlich sollte sie die Arbeit von zwei Personen erledigen. Sie schlief schlecht und war wütend darüber, dass sie herumkommandiert wurde, um die Aufträge ihres Chefs zu erledigen. Eines Tages bemerkte der Personalchef ihr Unbehagen und schickte sie nach Hause, um sich auszuruhen. Nach einem halben Tag frei kam sie zurück ins Büro und machte sich wieder an die Arbeit. Die Schmerzen in ihrem Magen hatten etwas nachgelassen, doch das

Unbehagen blieb. Sie fühlte sich festgefahren – und sehr traurig.

Geschichten wie die von Hanna sind weit verbreitet. Niemand kann etwas tun, weil die Person, die schlecht behandelt wird, nichts sagt. Oft hat sie das Gefühl, keine Wahl zu haben. Jeder, der eine Vorstellung von Grenzen hat, würde wissen, wie man mit einer solchen Situation umgeht. Er würde dafür sorgen, dass er nur acht Stunden am Tag arbeitet und Überstunden die Ausnahme sind, nicht die Regel. Er würde eine volle Mittagspause machen. Er würde klar sagen, wie lange eine Aufgabe dauert, und eine Aufgabe mit einer unangemessenen Frist ablehnen oder zurückstellen, bis die Arbeitsbelastung überschaubar ist. Er würde der Geschäftsleitung mitteilen, dass das System nicht funktioniert und dass er nicht den Märtyrer spielen wird. Er würde sich zu Wort melden.

Wenn ein Narzisst dich als Zielperson ausgewählt hat, erwartet er, dass du tust, was er will, wann er es will. Er hat wenig Respekt vor deinen Rechten und Grenzen. Er sieht dich als Objekt, das er benutzen kann. Wenn er beispielsweise auf eine Party gehen will und möchte, dass du mitkommst, wird er so lange Druck auf dich ausüben, bis du nachgibst, egal wie du dich fühlst. Wenn du sagst, dass du krank bist, oder Schwäche zeigst, wünscht er sich, dass du dich zusammenreißt und weitermachst, was er will. Narzissten werden richtig aufgeregt, wenn sie merken, dass jemand schwache Grenzen hat.

Narzissten erwarten, dass du ein offenes Buch bist. Sie müssen alles wissen, was du tust, denkst und fühlst. Sie fühlen sich zu jedem Zentimeter von dir berechtigt. Es kann schwierig sein, zu erkennen, wo du aufhörst und wo sie anfangen. Je länger das schon so geht, desto schwieriger ist es, sich dessen bewusst zu werden.

Wenn du schwache Grenzen hast, wirst du Probleme bekommen. Die Menschen, die dich respektieren, werden dir bestimmte Grenzen zugestehen, auch wenn du nicht darum bittest. Ein Teil dieser Menschen wird sich dennoch wünschen, dass du klarer zum Ausdruck bringst, was für dich in Ordnung ist und was nicht. Das macht selbst die respektvollsten Menschen nervös.

Narzissten hingegen sehen das als offene Einladung, sich über dich hinwegzusetzen. Sie testen die Grenzen der meisten Menschen, denen sie begegnen, bis sie eine Möglichkeit finden, sie zu manipulieren. Es ist wie eine Reihe von Türen in einem Gebäude. Narzissten probieren sie eine nach der anderen aus, bis sie eine finden, die nicht verschlossen ist. Und je weniger du Nein sagst, desto mehr werden sie dich unter Druck setzen.

Etwas zu verteidigen haben

Die offensichtliche Voraussetzung für das Setzen von Grenzen ist, dass du etwas zu schützen hast. So wie ein Grundstück erst durch einen Zaun schützbar wird, brauchst du eine solide Selbstwahrnehmung, bevor du Grenzen um dich ziehen kannst. Wenn du dich nach innen konzentrierst, musst du Frieden und Stärke erfahren. Du musst auf etwas stoßen, das dir genau sagt, wer du bist. Die Praktiken eins und zwei sollen dir dabei helfen. Beachte, dass wir Praxis drei nicht mit einbeziehen. Es ist nicht das, was du tun kannst, was dir Selbstwahrnehmung gibt, sondern eine tiefe und dauerhafte Verbindung zu deinem wahren Selbst, die dir deine Identität verleiht.

Wenn ein Narzisst etwas von dir verlangt, ist deine erste Reaktion wahrscheinlich, in dir selbst nach einer Antwort auf seine Forderung zu suchen. Wenn du dabei nur Angst und Unsicherheit findest oder dich fragmentiert und von deinem wahren Selbst abgeschnitten fühlst, wirst du das Gefühl haben, keine Wahl zu haben. Du wirst nachgeben. Du wirst dich erstickt und voller Verzweiflung fühlen.

Mit einer ausgeprägten Selbstwahrnehmung hingegen erkennst du dich selbst als Individuum mit eigenen Bedürfnissen und Wünschen. Wenn du dieses starke Gefühl der Abgrenzung hast, weißt du, dass dein innerer Zustand und das, was du in einem bestimmten Moment willst, anders sein können als der anderen Person – und dass das in Ordnung ist. Wenn jemand beispielsweise mit dir vietnamesisch essen gehen will, du am Abend zuvor aber schon vietnamesisch gegessen hast und stattdessen Lust auf etwas Deftigeres hast, weißt du, dass das, was der andere will, in diesem Moment nicht das Richtige für dich ist. Wenn der Narzisst deine Post öffnet, wirst du das Gefühl haben, dass ihn das nichts angeht, und ihm das auch sagen. Wenn dein narzisstischer Chef dir um 18 Uhr an einem Freitagabend spontan eine neue Aufgabe gibt, du aber einfach nur nach Hause und zu deiner Familie willst, solltest du das ansprechen.

Du bist ein Individuum. Nur du weißt, was für dich richtig ist, und dass dein innerer Zustand zu einem bestimmten Zeitpunkt sich von anderen unterscheiden kann. In einer Umgebung aufzuwachsen, in der Grenzen nicht existieren, ist Missbrauch. Wie jemand behandelt zu werden, der nichts zu sagen hat, ist Missbrauch. Grenzen sind ein grundlegendes Menschenrecht. Allerdings gibt es keine Polizei, die persönliche Grenzen überwacht. Die emotionalen Grenzen anderer Menschen zu missbrauchen, ist kein Verbrechen. *Es liegt an dir, sie durchzusetzen.*

Denke daran, dass eine bestimmte Grenze an einem Tag gelten kann, am nächsten Tag jedoch nicht mehr. Im Beispiel mit dem vietnamesischen Essen hast du vielleicht an diesem Tag doch Lust auf Vietnamesisch, und so könntest du einer Bitte nachgeben, etwas davon zu essen. Wenn du dein wahres Selbst und deinen Geist, Körper und deine Seele kennst, weißt du, welche Grenzen du setzen musst. Normalerweise spürt man ein ungutes Gefühl im Magen, wenn es eine Diskrepanz zwischen dem gibt, was man erlaubt hat, und dem, was man tatsächlich bereit ist, zu akzeptieren. Es ist wichtig, dass du deinen Zustand kennst, bevor du eine Entscheidung triffst. Sobald du deine Gefühle abgewogen hast, hast du eine Vielzahl von Möglichkeiten:

- Sag Ja, weil du weißt, dass es für dich zu 100 % in Ordnung ist.
- Sag Nein, ohne Ausreden, weil du aus tiefstem Herzen weißt, dass es nicht das ist, was du willst.

- Sag Ja, aber mit bestimmten Bedingungen, weil du weißt, dass du die Bitte der Person anpassen musst, um dich mit deiner Zustimmung wohlzufühlen.
- Sag Nein, aber mit einem Zugeständnis, indem du erklärst, dass du zwar Nein sagst, aber bereit bist, einen Teil der Bitte zu erfüllen oder einen Termin zu verschieben.
- Sag „Ich weiß es nicht". Wenn wir vom Leben oder unseren Emotionen überwältigt sind, wissen wir manchmal einfach nicht, was wir in diesem Moment wollen. Es ist wichtig, dass du damit okay bist. „Ich weiß es nicht, gib mir eine Stunde Zeit, um mich zu entscheiden", ist auch eine gute Antwort, besonders wenn du gerade erst anfängst, Grenzen zu setzen. Ein klares „Nein" sollte folgen, wenn jemand versucht, dich zu einer sofortigen Antwort zu drängen.

Jegliches Eindringen in deinen mentalen und emotionalen Raum ist niemals in Ordnung, und es ist deine Aufgabe, diesen Raum zu schützen. Es liegt auch an dir, die Schuldgefühle zu erkennen, die entstehen, wenn du Nein sagst, und damit umzugehen und sie zu verarbeiten. Bei Grenzen geht es darum, dass zwei Menschen sanft gegeneinander drücken und versuchen, ein Gleichgewicht zu finden. Wenn eine Person zu stark drückt, ist es die Aufgabe der anderen Person, sanft zurückzudrücken. Dieses unangenehme Gefühl, gefangen zu sein und Groll zu hegen, kommt normalerweise auf, wenn man zu etwas Ja sagt, was man eigentlich nicht will. Deshalb ist das selten eine gute Option. Ein „Nein" schafft Wahlmöglichkeiten. Ein widerwilliges Ja ist passiv und schadet dir selbst; ein Nein ist informativ und nützlich für beide Seiten.

Du kannst auch über eine Bitte verhandeln. Das beginnt damit, dass du weißt, was dein wahres Selbst in einem bestimmten Moment will. Wenn du diese Fähigkeit beherrschst, kannst du auf deine Instinkte hören und die Situation abwägen. Manchmal tun wir unseren Lieben zuliebe trotzdem das, was sie von uns verlangen. Du wirst jedoch überrascht sein, wie oft jemand deine Grenzen akzeptiert und mit dir zusammenarbeitet, damit alle zufrieden sind. Selbst ein Narzisst muss irgendwann eine Grenze akzeptieren. Er wird sie hassen und vielleicht dagegen kämpfen, aber da er weiß, dass du es ernst meinst, wird er sie akzeptieren.

Aus der Haut fahren

Der Weg – von der Befreiung aus der Unterwerfung, über die Entwicklung einer soliden Selbstwahrnehmung, bis hin zum Setzen von Grenzen – verläuft nicht immer reibungslos. Wenn dir bewusst wird, wie lange der Narzisst dein Recht auf Grenzen missbraucht hat, wirst du vielleicht feststellen, dass deine Wut immer größer wird. Möglicherweise durchläufst du eine Phase, in der du zu allem, was jemand von dir verlangt, sofort Nein sagen möchtest. Es kann schwierig sein, zu unterscheiden, wer dich ausnutzt und wer nicht, und welche Forderungen angemessen sind – insbesondere, wenn der Narzisst sich charmant gibt.

Diese wütende Phase, falls du sie durchmachst, wird irgendwann vorübergehen. Manchmal musst du, während du deine Selbstwahrnehmung entdeckst, vielleicht unangemessen strenge Grenzen setzen, nur um die Extreme auszutesten. Möglicherweise musst du unangemessen viel Zeit alleine verbringen und oft Nein sagen. Vielleicht musst du allen Stress und Druck aus deinem Leben verbannen, um mit deinen Emotionen Schritt zu halten. Sich komplett zurückzuziehen, könnte genau das sein, was du in dieser Zeit brauchst.

Vergiss nicht, dass es beim Setzen von Grenzen darum geht, deinen Zustand zu jedem Zeitpunkt zu kennen und auf dieser Grundlage Entscheidungen zu treffen. Wenn dein Geist und dein Körper dir sagen, dass du wütend bist und zu allem Nein sagen willst, dann sei es so. Wenn sie dir sagen, dass du überfordert bist und in diesem Moment nicht klar genug denken kannst, um eine Antwort zu geben, dann muss es so sein. Es gibt nie nur einen richtigen Weg; es hängt von vielen Faktoren ab. Was an einem Tag richtig ist, kann am nächsten Tag schon falsch sein. Es geht also darum, deinen Zustand im jeweiligen Moment zu kennen und zu akzeptieren.

Wenn du dich verbesserst und anfängst, feste Grenzen zu setzen, wirst du merken, dass diejenigen, die dich mögen, dich mehr respektieren, während Narzissten dich mehr in Ruhe lassen. Du wirst deinem wahren Selbst näherkommen und anfangen, deine eigenen Interessen besser zu schützen.

Genug ist genug

Eine subtile Form der Abgrenzung, die von Zielpersonen von Narzissten normalerweise nicht genutzt wird, ist die Fähigkeit, „Genug" zu sagen. Zielpersonen fühlen sich verpflichtet, ihre Zeit zu opfern, auch wenn sie das nicht wollen. Die

Macht, die der Narzisst über sie hat, ist in der Regel zu stark, und sie haben das Gefühl, keine Wahl zu haben.

Mit zum Einkaufen geschleppt zu werden, sich verpflichtet zu fühlen, länger bei gesellschaftlichen Anlässen zu bleiben, oder in endloses Geschwätz hineingezogen zu werden, kann erdrückend sein. Ohne Grenzen führt das Gefühl der Machtlosigkeit der Zielperson zu einem schmerzhaften Gefühl der Verzweiflung. Beim Setzen von Grenzen geht es nicht nur darum, Nein zu sagen, sondern auch darum, zu entscheiden, wie viel von unserer Zeit und unseren Ressourcen wir anderen zur Verfügung stellen wollen. Es geht darum, unserem wahren Selbst mehr Mitsprache zu geben und unserem Pflichtgefühl und unserer Schuld weniger Macht über uns zu lassen.

Das Nein-Sagen sollte nicht schwarz-weiß sein. Oft können wir in einer Situation bleiben, aber die Bedingungen ändern. Wir können beispielsweise mit jemandem einkaufen gehen, aber einen Teil der Zeit nutzen, um nach Dingen zu suchen, die wir selbst wollen. Wir müssen nicht Nein sagen, wenn wir zu einer Veranstaltung eingeladen sind, aber wenn wir genug haben, können wir uns verabschieden. Wir können mit jemandem reden und das Gespräch höflich beenden, wenn es uns zu viel wird. Im Urlaub können wir sagen, dass wir ein paar Stunden Auszeit brauchen, um uns zu entspannen, bevor wir auf Entdeckungstour gehen.

Wenn die Menschen in unserem Leben uns lieben, werden sie flexibel sein und bereit, jede Situation so zu verhandeln, dass sich alle wohlfühlen. Es ist ein dynamischer Prozess. Wir fühlen, was wir fühlen, und wir bevorzugen, was wir bevorzugen.

Wir sind alle einzigartig. Wir haben das Recht, die Situation so zu verändern, dass sie besser zu unserem inneren Zustand passt. Wenn wir dies im Dienste unseres wahren Selbst tun, müssen wir uns niemals schuldig fühlen.

Halte außerdem Ausschau nach den Psychospielchen, die ein Narzisst spielt, wenn es darum geht, Grenzen zu setzen. Der Narzisst könnte versuchen, dir wegen deiner Grenzen ein schlechtes Gewissen einzureden und dich davon zu überzeugen, dass andere Menschen dieselben Grenzen nicht setzen würden. Er könnte eine Liste mit überzeugenden Gründen erstellen, warum du kooperieren musst, und versuchen, dich in die Enge zu treiben, damit du nachgibst. Es ist entscheidend, dass du die Welt von richtig und falsch hinter dir lässt und verstehst, dass das Wort des Narzissten nicht das Evangelium ist – nur das Wort deines wahren Selbst ist es.

Praxis sieben: Verbrannte Erde

Das Opfern ist nichts anderes als die Erschaffung von Heiligem.

– Georges Bataille

Verbrannte Erde ist eine militärische Strategie, die ein Volk anwendet, wenn der Feind in sein Gebiet vordringt. Alles, was für den Feind von Nutzen sein könnte, wie Häuser, Lebensmittel, Fahrzeuge, Versorgungsanlagen oder Ausrüstung, wird zerstört, sodass dem Feind nichts übrig bleibt, was ihm helfen könnte, seinen Angriff fortzusetzen.

Empathie gegenüber anderen macht sie uns sympathisch. In vielen Fällen ist das genau das, was wir wollen. Wenn es um Narzissten geht, brauchen wir Liebe für sie so dringend wie einen Schlag mit dem Knüppel. Ja, Narzissten sind oft verletzte Menschen, und es ist schmerzhaft für sie, ein falsches Selbst aufrechtzuerhalten. Aber zu glauben, dass sie sich ändern können, oder zu versuchen, sie zu fairen Spielern zu machen, funktioniert nie. Wir müssen uns weigern, dieses Spiel mitzuspielen. Das erreichen wir, indem wir uns von unseren Emotionen lösen. Denke daran, das Spiel läuft, solange unsere Emotionen uns an die andere Person binden. Der Akt der Loslösung von unseren Emotionen beendet das Spiel effektiv. Sich emotional von einem Narzissten zu lösen, bedeutet, ihm seine Macht über uns zu nehmen. Und das tun wir mit *Verachtung*.

Verachtung ist ein Zustand der Ablehnung, in dem wir die andere Person als jemanden betrachten, der unsere Standards nicht teilt und daher keinen Zugang zu unserem inneren Leben verdient. Verachtung ist das beliebte Kind in der Schule, das auf das vermeintlich weniger beliebte Kind herabschaut. Sie ist die Person, die uns zusammenzucken lässt, weil sie so nett ist, dass es wehtut. Verachtung empfindet man gegenüber dem Typen auf einer gesellschaftlichen Veranstaltung, der sich einer Gruppe von Freunden anschließt, die sich seit Jahren kennen, und so tut, als gehöre er dazu.

In deinem Fall ist Verachtung aber kein Ausdruck von Hochmut, sondern von Selbstschutz. Mit schützender Verachtung kannst du dich selbst als eine Person mit Integrität, gesunder Scham und gesunder Schuld sehen; als eine Person mit moralischem Kompass, die fair spielt. Du kannst dann den Narzissten mit Verachtung betrachten, d. h. als eine Person, die:

- es an Integrität, gesunder Scham, gesunder Schuld und einem moralischen Kompass mangelt.
- sich nicht an die Regeln hält.

– wenig Fähigkeit zu Veränderung, Selbstreflexion oder Wachstum hat.

Indem du deine Position gegenüber dem Narzissten mental neu definierst und die Standards für deine Beziehungen erhöhst, kannst du den Narzissten in eine Schublade stecken, in die deine Emotionen nicht gelangen können.

Die emotionale Entfremdung von unseren Mitmenschen ist eine schmerzhafte, unnatürliche Erfahrung. Verachtung schafft eine innere Eiszeit – eine Wildnis ohne jede Spur von menschlicher Wärme. Es ist eine riesige Mauer, die von einer Person errichtet wurde, um sich vor denen zu schützen, die sie verachtet, d. h. vor den Menschen, die sie als unter ihrem Niveau stehend betrachtet, was auch immer dieses Niveau sein mag. In unseren narzisstischen Beziehungen ist Verachtung jedoch das Äquivalent einer Chemotherapie gegen unseren Krebs. Verbrannte Erde. Das Spiel ist abrupt vorbei. Wir können unsere Gefühle stattdessen in gesündere, erfüllendere Beziehungen investieren. Nur dann hört das Drama auf.

Sich von seinen Emotionen zu lösen, ist alles andere als einfach. Der Schlüssel liegt jedoch darin, dies strategisch zu tun. Wir möchten gerne glauben, dass wir immer empathisch und offen sein müssen. Wenn uns jemand offen missbraucht und unsere Gefühle ausnutzt, verdient er es jedoch ganz einfach nicht, dass wir ihn in unser Leben lassen. Das heißt nicht, dass der Narzisst einfach aufgibt und nett wird. Er will seine investierte Zeit wieder reinholen. Er wird versuchen, dich zurückzugewinnen. Er wird vielleicht wütend werden oder dich mit Schweigen strafen. Er wird dir vielleicht vorwerfen, unsensibel zu sein. Eventuell stellt er sich auch als Opfer dar oder gibt sich traurig. Er wird alles tun, um dir Schuldgefühle einzureden. Unser Mitgefühl wird uns immer dazu bringen, uns jenen Menschen zuzuwenden, die wir leiden sehen, und unsere Haltung ihnen gegenüber zu mildern. Der Narzisst kalkuliert genau damit. Erkenne diesen Impuls an, akzeptiere ihn, und dann mach ganz normal weiter.

Wenn ein Narzisst auf absehbare Zeit Teil deines Lebens sein wird, solltest du die Strategie der verbrannten Erde anwenden, sobald du eine Manipulation spürst. Wenn du den Narzissten klarer erkennst, wirst du ein starkes Bedürfnis nach emotionalen Grenzen verspüren.

Fass die heiße Kartoffel nicht an

Wir müssen uns nicht nur vor offenen Übergriffen schützen, sondern auch vor verdeckten. Wie bereits erwähnt, kann Scham auf viele subtile und passive Arten ausgelöst werden. Wenn jemand versucht, einen anderen zu beschämen, ist das, als würde er ihm eine heiße Kartoffel in die Hand drücken. Das brennt. Der Schlüssel liegt darin, die heiße Kartoffel entweder nicht anzunehmen oder zurückzugeben.

Wenn der Narzisst dir vorwirft, etwas getan oder nicht getan zu haben, dann tut er das möglicherweise, um eine Reaktion zu provozieren. Es ist wichtig, dies zu erkennen, und dann auf eine emotionale Reaktion zu verzichten. Bei der verbrannten Erde geht es darum, die Emotionen von den Fakten zu trennen. Wenn die Vorwürfe des Narzissten unbegründet sind, kannst du ihm die heiße Kartoffel zurückgeben, indem du ruhig erklärst, dass er zwar zu seiner Meinung berechtigt ist, du aber nicht mit ihm übereinstimmst. Selbst wenn die Anschuldigungen des Narzissten etwas für sich haben, kannst du seine Kritik annehmen und entscheiden, ob sie Maßnahmen erfordert. Oftmals überwältigt die emotionale Reaktion jegliche Vernunft und verschleiert das eigentliche Problem: Der Narzisst versucht, dich zu beschämen. Dein emotionaler Ausbruch ist genau das, worauf der Narzisst setzt. Er will, dass du dich emotional einlässt und die heiße Kartoffel annimmst. Wenn du stattdessen ruhig und vernünftig reagierst, behältst du die Kontrolle und machst den Narzissten für sein Verhalten verantwortlich.

Der Narzisst versucht möglicherweise, dich zu beschämen, indem er dich neckt oder herabsetzt. Du kannst die heiße Kartoffel auf verschiedene Weise vermeiden:

- Verstärke nicht, was er sagt, und lache nicht mit.
- Versuche nicht, dich zu rechtfertigen oder ihn ebenfalls zu beschämen.
- Wenn du das Bedürfnis hast, zu reagieren, hinterfrage einfach seine Motive. Frage ihn, was er genau meint, und bitte ihn, seine Kommentare zu begründen. Behandle es wie ein Interview. Reagiere sachlich. Sei nüchtern.
- Wenn du von dem Narzissten betroffen bist, warte bis später und frage dann einen engen Vertrauten, ob die Worte des Narzissten irgendeinen Sinn ergeben.

Das Vermeiden des Heiße-Kartoffel-Spiels ist ein Prozess, bei dem man eine emotionale Reaktion zurückhält und stattdessen in den rationalen Bereich wechselt. Anstatt zu fühlen, was der Narzisst sagt, oder in der Interaktion mit ihm nach limbischer Resonanz zu suchen, kannst du seine Aussagen stattdessen in deinem Kopf analysieren und auf ihren Wahrheitsgehalt überprüfen. Deine emotionale Reaktion nährt den Narzissten. Dich nicht auf sein Spiel einzulassen und ihn zu hinterfragen, durchbricht sein Spiel und gleicht die Spielbedingungen aus. Das Vermeiden der heißen Kartoffel bedeutet, jedes Wort, das aus dem Mund des Narzissten kommt, zu analysieren und zu verarbeiten. Es geht darum, ein Spielverderber zu sein und keine Ausreden dafür zu suchen.

Den Köder nicht schlucken

Karen gab ihrem Vermieter die Schlüssel, nachdem er die letzte Wohnungsinspektion durchgeführt hatte. Er war freundlich, schnell und hilfsbereit gewesen.

In den Wochen vor der Übergabe hatte Karens Vermieter darauf bestanden, dass er 200 Euro von ihrer Kaution für die „Reinigung des Ofens" einbehalten würde, was nicht im Vertrag stand. Als sie sich weigerte, schickte er ihr mehrere aggressive und persönliche E-Mails, in denen er ihr erklärte, dass sie seinen Forderungen nachkommen müsse, und dass sie sich „kindisch" verhalte. Er fragte sie, was ihre Mutter wohl denken würde, und machte unhöfliche Bemerkungen über ihre mangelnde Sauberkeit. Er nannte sie ein „dreckiges, kleines Mädchen".

Karen war schockiert. Warum wurde aus einer geschäftlichen Beziehung plötzlich etwas Persönliches? Niemand, der bei klarem Verstand ist, würde sich so verhalten. Aus Angst vor dem, was noch kommen könnte, gab sie schließlich nach und erklärte sich bereit, die Ofenreinigungsgebühr zu zahlen, obwohl diese weder im Vertrag stand noch gerechtfertigt war. Da Karen sich allein mit dem Vermieter nicht sicher

*fühlte, bat sie einen männlichen Freund, bei der Wohnungs-
übergabe dabei zu sein.*

*Alles verlief gut, und in Anwesenheit von Karens männli-
chem Freund benahm sich der Vermieter von seiner besten
Seite. Es überraschte nicht, dass Karen einen Tag nach der
Übergabe eine besonders vernichtende E-Mail von ihm er-
hielt, die in krassem Gegensatz zu seinem Verhalten am Vor-
tag stand. Er machte erneut persönliche Bemerkungen über
ihre Hygiene und ging sogar so weit, sie als „ekelhaft" zu be-
zeichnen. Er fragte, wie sie überhaupt in so einem „Dreck" leben könne, und ergänzte, dass Karens Mutter sich für sie
schämen würde, obwohl er Karens Mutter gar nicht kannte.
Bei der Wohnungsübergabe in Anwesenheit von Karens
männlichem Freund hatte er nichts gesagt und sogar ein Pa-
pier unterschrieben, in dem stand, dass alles in Ordnung sei.
Karen war verständlicherweise wieder einmal schockiert
und verwirrt. Was zum Teufel war hier los?, dachte sie. Wie
sollte sie auf diese E-Mail reagieren?*

Erstens wäre es für Karen unmöglich zu verstehen, *warum* ihr
Vermieter sich so verhielt. Klar war jedoch, dass dieser Mann
ein Narzisst war. Sein wertender, angreifender Tonfall und
seine abwegigen Aussagen waren ein Beweis dafür. Er blühte
auf, wenn er seine Macht über junge Frauen ausüben konnte.
Er hatte Karen offen gesagt, dass er nur junge Frauen in seiner Wohnung dulde. Es schien, als würde er es lieben, Chaos
in den Köpfen und Herzen seiner Mieterinnen zu stiften.

Karen hatte viele Ideen, wie sie auf die E-Mail antworten
könnte: Sie wollte dem Vermieter erklären, dass sie die Woh-

nung gründlich geputzt hatte, dass er sie verletzt hatte und dass seine Behauptungen unbegründet waren. Sie wollte ihn fragen, warum er bei der Wohnungsübergabe nichts gesagt hatte, als ihr Freund dabei war. Sie hatte so viel zu sagen und zu fragen. Dann erinnerte sie sich an den ersten Vorfall mit der Ofenreinigung. Als sie auf das Spiel des Vermieters eingegangen war, hatte das nur noch mehr Wut in ihm geweckt, und er hatte einfach noch mehr Drama und Beleidigungen draufgelegt.

Karen zeigte die E-Mail einigen Freunden, die in der Woche vor ihrem Auszug häufig zu Besuch gewesen waren und wussten, wie sauber sie tatsächlich war. Alle waren sich einig, dass der Vermieter verrückt war, und konnten sich nicht erklären, warum er eine solch seltsame E-Mail mit Beleidigungen verschickt hatte. Alles, was er sagte, war subjektiv und unbegründet. Bestärkt darin, dass sie nicht verrückt war, nicht eklig war und nicht im Dreck lebte (und das auch nie getan hatte), entschied sie sich für Funkstille. Ihre Gefühle waren die eine Sache, das richtige Handeln die andere. Sie ließ es dabei bewenden. Keine Antwort. Keine Fragen. Keine Verteidigung. Sie wusste, dass ihr Vermieter nach einer emotionalen Reaktion fischte, um seine narzisstische Versorgung zu befriedigen. Sie zappeln und winden zu lassen war seine Absicht. Seine E-Mail hatte keinen anderen Zweck.

Sie weigerte sich, den Köder zu schlucken.

Obwohl sie immer noch extrem erschüttert und verletzt war, beschloss sie, einfach ihre Woche weiterzuleben. Sie würde sich nicht auf das Drama einlassen. Alle ungelösten Emotionen in Bezug auf die Situation würde sie einer engen Freundin oder ihrer Therapeutin anvertrauen oder in ihr Tagebuch schreiben. Sie war in ihre neue Wohnung gezogen, und ihr neuer Vermieter war in jeder Hinsicht freundlich und kooperativ. Sollte ihr narzisstischer ehemaliger Vermieter ihr wegen irgendetwas Vertraglichem Ärger machen, würde sie nur mit ihm darüber sprechen, ohne emotionale Aufladung. Notfalls würde sie Anwälte einschalten. Sollte er ihr weitere E-Mails schicken, in denen er sie persönlich beleidigt, würde sie *nichts sagen*. Sollte er sich kriminell verhalten oder Drohungen aussprechen, würde sie die Polizei rufen. Verbrannte Erde.

Das Spiel der Vorwürfe

Wer narzisstischem Missbrauch ausgesetzt ist, trägt eine Menge Wut und Frustration in sich. Für einige von uns begann es in der Kindheit – ausgelöst von den Menschen, die für uns verantwortlich waren, als wir noch nichts sagen konnten. Einige von uns haben ihre Wachsamkeit aufgegeben, weil sie sich auf die Goldene Regel verlassen haben, und verbrachten Jahre in Dramen und emotionalem Elend, bevor sie endlich die Wahrheit erkannten. Aber jetzt ist die Katze aus dem Sack. Du schaust auf diese dunkle, schreckliche Wahrheit herab, fühlst dich benutzt und bist voller Wut. Du zeigst mit dem Finger. Du brauchst ein Objekt der Wut für all die verschwendete Zeit und das unnötige Leid.

Wir können zwar den Narzissten in unserem Leben die Schuld geben. Wir können uns selbst die Schuld geben, weil wir auf die Psychospielchen hereingefallen sind. Wir können uns fragen, warum wir die Herabsetzungen ertragen und toleriert haben, dass unsere Bedürfnisse ignoriert wurden. Wir können uns fragen, warum wir uns mit weniger zufrieden gegeben haben und uns wieder einwickeln ließen, obwohl ein Teil von uns schrie, dass wir gehen sollten. Wir könnten uns auch die Schuld dafür geben, dass wir uns, obwohl wir jetzt erwachsen sind und einen freien Willen haben, immer noch auf Beziehungen mit Narzissten einlassen.

Ja, deine Wut ist berechtigt. Dir wurde Unrecht getan. Wenn du das Bedürfnis hast, deine Wut auszudrücken, solltest du einen Weg dafür finden. Doch wenn du dem Narzissten die Schuld gibst, liegt der Fokus nicht auf dir, und du wirst davon abgelenkt, nach Freiheit zu streben. Deine Empörung *stärkt* den Narzissten – und das ist vielleicht das Frustrierendste von allem.

Wenn du dir stattdessen selbst die Schuld gibst, hältst du dich in einem selbstzerstörerischen Zustand gefangen und lenkst dich von deiner eigentlichen Aufgabe ab. Wenn du darauf konditioniert wurdest, eine bestimmte Rolle zu spielen, und vorher keinen anderen Weg kanntest, dann ist die Schuld nicht bei dir zu suchen. Es ist ein schwieriger, aber notwendiger Paradigmenwechsel: Schuld ist nicht das, wonach du suchen solltest. Schuldzuweisungen werden das Problem nicht lösen. Ganz im Gegenteil: Deine Freiheit und Ermächtigung sind das, wofür du deine Energie am besten einsetzen kannst. Du kannst deine Empörung auf eine Vielzahl gesunder und kreativer Wege kanalisieren, die deinem Leben direkt zugute kommen und es verbessern.

Vertraue, aber überprüfe

„Vertrauen ist gut, Kontrolle ist besser" ist ein russisches Sprichwort, das der amerikanische Präsident Ronald Reagan gerne aufgriff. Es hat in vielen Bereichen des Lebens viel Wahres an sich, auch im Umgang mit Narzissmus.

Das Leben ist nicht schwarz und weiß. Manchmal stecken wir Menschen in eine Schublade, die es nicht unbedingt verdient haben. Wir alle haben narzisstische Züge, und das kann uns manchmal zum Verhängnis werden. Narzissmus existiert auf einem Kontinuum und ist bei jedem Menschen anders ausgeprägt. Wir alle müssen mit dieser Realität umgehen. Er wird nicht verschwinden. Er ist ein fester Bestandteil der menschlichen Natur. Aber seine Existenz sollte uns nicht in ein tiefes Loch stürzen und uns von der Welt fernhalten. Um ein erfülltes Leben zu führen, müssen wir unser wahres Selbst entfesseln und darauf vertrauen, dass alles gut wird. Das ist ein großartiges Gefühl, denn wenn wir vertrauen und aufrichtig sind, eröffnen sich uns viele spannende Möglichkeiten.

Das heißt jedoch nicht, dass wir naiv sein sollten. Du darfst einer Person grundsätzlich vertrauen, sie aber gleichzeitig auf die Probe stellen. Wird sie dir gerecht? Du kannst dich in deinem wahren Selbst entspannen, während du mit deinem Verstand beiläufig beobachtest. Es geht darum, wachsam, aber entspannt zu sein. Es geht darum, dein gesundes Ego zu nutzen, um das zu tun, wofür es geschaffen wurde: zu überwachen, was gut und was schlecht für dich ist. Diese Überwachung sollte jedoch nicht kaltblütig erfolgen. Im Umgang mit Narzissmus geht es nicht darum, eine Person abzustempeln und zu vergessen. Vielmehr geht es darum, jede neue Situation als das zu sehen, was sie ist, und dann zu entscheiden, ob es an der Zeit ist, sich abzugrenzen oder wegzugehen. Verachtung ist ein Werkzeug, das du nur dann einsetzen solltest, wenn es nötig ist.

Das Leben ist schön, und viele Menschen, denen wir begegnen, bereichern unsere Erfahrungen. Diese Menschen können Fehler machen und gelegentlich auf verletzende (und narzisstische) Weise handeln. Wir alle haben die Fähigkeit, kalt und berechnend zu sein – nicht nur Narzissten. Wir Menschen begehen grausame Taten, um Schmerz und Scham zu vermeiden. Aber wir sollten nicht riskieren, alles zu verlieren, was das Leben zu bieten hat, nur weil wir zu früh die Tür schließen. Wir sollten immer vertrauen, und wir sollten immer nachprüfen. Immer.

Neuanfänge

Nur zu leben ist nicht genug... man muss auch Sonnenschein, Freiheit und eine kleine Blume haben.

– Hans Christian Andersen

Mit den sieben Praktiken wirst du anfangen, eine stärkere Selbstwahrnehmung zu entwickeln. Du wirst auch:

- dich von deinen Emotionen abgrenzen und geschickt mit ihnen umgehen.
- andere Menschen von deinen Emotionen trennen und dich so vor Manipulation schützen.
- verstehen, dass jeder Mensch für seine eigenen Emotionen verantwortlich ist.
- deine Scham meistern, sodass du deine Menschlichkeit annehmen und als Person wachsen kannst.
- kreative Wege finden, um dein wahres Selbst auszudrücken.
- Selbstvertrauen und neue Fähigkeiten erlangen.
- ausgeglichene, befriedigende Beziehungen pflegen.

- Verbündete haben, auf die du dich verlassen kannst, wenn du sie brauchst.
- viel immuner gegen Unterwerfung und Narzissmus sein.
- deine Leidenschaft mit Elan erforschen und ein ganzheitliches Leben führen.

Du wirst auch beginnen, inneren Frieden zu erleben, und wirst feststellen, dass sich ein innerer Raum öffnet, den du zuvor nicht kanntest. Dieser Raum wird zu deiner Festung, nicht nur gegenüber Narzissten, sondern auch gegenüber den Zwängen der Welt. Der Kampf wird um diese Festung herum ausgetragen. Wenn du aufhörst, dem Narzissten zu gehorchen, und beginnst, dich von seinen Spielchen zu lösen, indem du dich deinen eigenen Interessen widmest, wird der Narzisst dies bemerken und sich dagegen wehren. Er könnte wütend reagieren und dich angreifen. Er könnte einen seiner vielen Tricks ausprobieren, um dich zu ködern oder dich zurückzulocken – alles in der Hoffnung, sich Zugang zu deiner Festung zu verschaffen und so seine Manipulation fortzusetzen.

Das wirst du nicht zulassen. Diese Festung wird sich heilig und rein anfühlen, und du wirst den natürlichen Drang verspüren, sie um jeden Preis zu beschützen. Egal, was der Narzisst draußen anstellt, egal, ob er dich mit Schuldgefühlen oder Scham angreift, trotz der Psychospielchen, die er spielt: Du wirst in dieser Festung bleiben wollen, weil du weißt, wie sicher sie sich anfühlt. Eine Beziehung mit einem Narzissten zu beenden, insbesondere wenn sie destruktiv ist, und keinen Kontakt zu ihm aufzunehmen, kann notwendig sein. Das wird viel einfacher, wenn du deine Festung hast, die dir hilft, den Sturm zu überstehen.

Coup d'État

Sobald du anfängst, Narzissten zu exorzieren, wirst du vielleicht das Bedürfnis nach einem Regimewechsel verspüren. Wenn das der Fall ist, besteht der nächste Schritt darin, alle narzisstischen Regime in deinem Leben aktiv zu identifizieren und dich von ihnen zu befreien – für immer.

Selbst scheinbar gesunde Beziehungen und Strukturen können im Schatten des Narzissmus stehen. Vielleicht musst du den Job wechseln, dich von Verwandten distanzieren, Beziehungen und Freundschaften einen langsamen Tod sterben lassen oder sogar ein Unternehmen auflösen. Das wird schrittweise geschehen, wenn du die sieben Praktiken verstärkst.

Die Strukturen und Beziehungen in deinem Leben sind nicht unbedingt schlecht. Die Fragen, die du dir bei der Betrachtung jeder Struktur stellen musst, sind: *Wie bedrückend ist sie? Schätze ich sie? Erlaubt sie mir, ich selbst zu sein? Fördert sie mein Wachstum, oder hält sie mich in einem Trott fest?* Denke bei jeder deiner Beziehungen und Verpflichtungen darüber nach, wem oder was du damit dienst.

Die Entwicklung deines Kindes zu unterstützen, ist zum Beispiel sehr wertvoll. Den narzisstischen Bedürfnissen deines unnahbaren und gefühllosen Chefs zu dienen, während du einen Job machst, den du hasst, hingegen nicht. Deine Zeit zu opfern, um den Hedonismus eines narzisstischen Freundes zu unterstützen, mag eine Weile lang aufregend sein. Es ist jedoch nicht annähernd so erfüllend, wie Erfahrungen mit einem Gefährten zu teilen, während ihr euch gegenseitig helft, zu wachsen. Du musst herausfinden, welche Beziehungen und Strukturen dein wahres Selbst unterdrücken und wie du sie durch solche ersetzen kannst, die dir besser dienen. Je mehr du die sieben Praktiken verstärkst, desto lauter wird die Stimme deines wahren Selbst. Mit der Zeit wird sie so laut sein, dass du keine andere Wahl hast, als ihr zuzuhören. Dann wirst du handeln.

Raus mit dem Alten, rein mit dem Neuen

Die Abkehr von einem narzisstischen Regime hinterlässt eine große Lücke. Du darfst die psychologische Wirkung, die das auf dich haben wird, nicht unterschätzen. Es kann sowohl eine aufregende als auch eine turbulente Zeit sein. Ängste und Unsicherheiten sind vorprogrammiert, aber mit einer starken Selbstwahrnehmung und der Unterstützung deiner Verbündeten wirst du das alles meistern können.

Was jetzt?, so wirst du vielleicht fragen. Niemand kann dir dabei helfen, das herauszufinden. Wir kämpfen darum, uns vom Narzissmus zu befreien, um endlich das Recht zu haben, diese Frage für uns selbst zu beantworten. Je mehr du mit deinem wahren Selbst in Berührung kommst, desto mehr können deine Kindheitsimpulse zum Leben erwachen. Das könnte ein guter Anfang sein. Manche Menschen haben das Bedürfnis, ihre Kindheitsträume wieder aufleben zu lassen und dann pragmatische Wege zu finden, diese Träume im Erwachsenenalter zu verwirklichen. Du könntest dich auch einfach dafür entscheiden, deine Freiheit zu genießen. Wenn sich die Schleusen öffnen, wirst du wissen, was zu tun ist.

Mit Mut, guter Unterstützung und Vorstellungskraft wirst du den neu eröffneten Weg beschreiten und endlich das Leben leben, für das du bestimmt bist. Wenn du kreativ mit dem arbeitest, was du hast, werden die Möglichkeiten plötzlich unendlich. Die Vergangenheit ist vorbei; wie es weitergeht, liegt ganz bei dir.

Die beste Rache ist ein gutes Leben

In Momenten des Zweifels und der Frustration ist es normal, dass du deine Wut zum Ausdruck bringen willst. Vielleicht möchtest du deine Wut an dem Narzissten auslassen und ihm eine Kostprobe seiner eigenen Medizin verabreichen. Andererseits könntest du dich entscheiden, an seine Menschlichkeit zu appellieren, indem du ihm sagst, wie sehr er dich verletzt hat – in der Hoffnung, dass seine Schuld oder Scham ihn zur Vernunft bringt. Vielleicht möchtest du deine Verluste nicht einfach hinnehmen, sondern mehr Zeit investieren, um den Narzissten zu ändern. Du könntest ihm eine herzliche Rede über Liebe halten und ihn auf die gute Seite ziehen. Vielleicht möchtest du ihn vor den Schrecken seiner Vergangenheit retten.

Tu es nicht.

Das ist eine bittere Pille, die du schlucken musst. Denke immer daran, dass Narzissten nicht nach denselben Regeln spielen. Du kannst nicht an ihr moralisches Urteilsvermögen appellieren. Ihr Verhalten ändert sich nur, wenn du dich zurückziehst, und sobald du wieder im Spiel bist, machen sie so weiter wie bisher. Sie werden von einem Überlebensinstinkt angetrieben, nicht von liebevollem, emotionalem Verständnis. Wenn du dir eine neue, unabhängige Realität erschaffst, bist du frei. Wenn du dich jedoch auf die Spiele des Narzissten einlässt, bleibst du in seiner Realität gefangen.

Nichts treibt Narzissten mehr in den Wahnsinn als Gleichgültigkeit. Ihre Identität und ihre gesamte Selbstwahrnehmung beruhen auf den Reaktionen anderer. Ihr Energiefeld wird durch jede Reaktion ihrer Zielperson gestärkt. Jedes Mal, wenn sie an einer Schnur ziehen und eine Reaktion erzielen, bestätigen sie ihren selbsternannten Status als Herrscher. Jede gelungene List gibt ihnen einen Schuss Befriedigung direkt in die Adern. Andererseits fühlt es sich für sie buchstäblich wie der Tod an, wenn du ihnen die Möglichkeit nimmst, dich zu kontrollieren. Mit jedem leeren Blick, den du ihnen zuwirfst, und mit jeder festen Grenze, die du setzt, entziehst du ihnen ihre Kraft. Sie werden in einen leeren Abgrund fallen und den Tod am eigenen Leib erfahren.

Sobald der Exorzismus des Narzissten vollzogen ist, richtet sich der Fokus nicht mehr auf ihn, sondern auf dich und deinen Weg. Erinnere dich an das Grandiositätsgesetz, während du durch den Tag gehst. Frage dich: Wen betest du an und warum? In jeder Beziehung und in jeder Rolle, die du spielst, worauf reduzierst du dich? Lässt du dich zu einem Resonanzboden machen? Oder zu einem Diener? Verzichtest du auf das, was dir wichtig ist, weil du dich schuldig fühlst, andere im Stich zu lassen? Lebst du in einem unsichtbaren Gefängnis, in dem du dich machtlos fühlst? Ist das alles, was du von deinem Leben erwartest? Ist das alles, wozu du geboren wurdest?

Deine unterbewusste Konditionierung ist ein hartnäckiges Biest, das dich zweifellos bei jedem Schritt herausfordern wird. Du wirst es nicht mit einem Schlag schaffen. Du musst dir die oben genannten Fragen jeden Tag und in jeder Situation stellen, bis das Schiff langsam die Richtung ändert. Es braucht Mut und Ausdauer. Es braucht die Unterstützung guter Menschen. Es erfordert, dass du dich immer wieder an dein wahres Selbst erinnerst und alles in deiner Macht Stehende tust, um mit ihm in Verbindung zu bleiben. Durch Schmerz und Freude, Angst und Schuldgefühle, Erfolg und Misserfolg, Zweifel und Schwäche hindurch – halte an deinem wahren Selbst fest. Es ist der größte Verbündete, den du je haben wirst. Auch wenn es dir nicht leichtfällt, suche das Gleichgewicht in deinen Beziehungen und glaube an dich selbst, anstatt einen falschen Gott anzubeten. Denke daran, dir selbst zu *vertrauen*, egal was passiert.

Nachdem du etwas psychologische Luft und Freiheit erfahren hast, kann es Momente geben, in denen du unbewusst zum Rollenspiel zurückkehrst. Vielleicht hattest du einen guten Tag und warst offen genug, um unbewusst wieder in die Machenschaften des Narzissten hineingezogen zu werden. Vielleicht hast du dich auch besonders verletzlich gefühlt. Das kann passieren. Wie immer kommt es darauf an, eine ruhige, entspannte Wachsamkeit zu üben und dir gelegentlich einen Fehler zu erlauben.

Das Wichtigste ist, dass du auf deinem Weg freundlich zu dir selbst bist. Halte dich mit Urteilen zurück und gib deinem wahren Selbst den Raum, einfach zu sein. Das ist alles, was es jemals wirklich wollte. Erinnere dich daran, dass du ein Mensch bist, der es wert ist, geliebt und respektiert zu werden. Du machst Fehler. Du hast deine Grenzen. Du hast das Recht, große Träume zu verwirklichen, aber auch die Verantwortung, deine Mitmenschen zu respektieren. Wie Superman oder Superwoman besitzt du das Potenzial für große Stärke. Je widerstandsfähiger du emotional wirst, desto mehr Macht erhältst du in deinem Leben. Und genauso wie Superman oder Superwoman wirst du von deinem moralischen Kompass geleitet. Helden wissen, dass ihre Macht und Stärke mit der Verantwortung verbunden sind, sich um andere zu kümmern, und nicht mit einer Lizenz zum Manipulieren und Kontrollieren. Wie ein Baum mit tiefen Wurzeln und fruchtbaren Ästen wirst du feststehen und trotzdem deine Früchte denen anbieten, die nach gegenseitiger Liebe suchen. Das ist der Weg zu einem starken Leben. Und das ist die Kunst, einen Narzissten zu exorzieren.